Eurus

Notus

スポーツからみる東アジア史

——分断と連帯の二〇世紀

高嶋　航
Ko Takashima

Boreas

Zephyrus

岩波新書
1906

はじめに

オリンピック・ムーブメントの目的は、いかなる差別をも伴うことなく、友情、連帯、フェアプレーの精神をもって相互に理解しあうオリンピック精神に基づいて行なわれるスポーツを通して青少年を教育することにより、平和でよりよい世界をつくることに貢献することにある。（「オリンピック憲章」一九九六年版）

オリンピック憲章で掲げられるオリンピックの根本原則にこのような一節がある（初出は一九五八年。現在は若干表現が異なる）。差別をしない、連帯し理解しあう、平和な世界――いずれも実現されていないからこそ、オリンピックを通じて克服することが宣言されているわけである。

これらの課題は、とりわけ東アジアで重要なものとなってきた。表1は東アジアの国・地域のオリンピックへの参加状況、表2はアジア競技大会（以下、アジア大会）への参加状況を示している（いずれも夏季大会のみ）。これらの国・地域が両大会に勢揃いするのは、一九九〇年以降のことである。中国の選手と韓国の選手が対戦し、台湾の選手と北朝鮮の選手が対戦するような、現在のオリンピックやアジア大会で目にする光景は、ここ三〇年ばかりのものでしかない。

表1　東アジアのオリンピック参加状況

<table>
<tr><th rowspan="2">開催年</th><th colspan="4">帝国日本</th><th rowspan="2">中国</th></tr>
<tr><th>韓国</th><th>北朝鮮</th><th>日本</th><th>台湾</th></tr>
<tr><td>1912</td><td colspan="4">○</td><td></td></tr>
<tr><td>1916</td><td colspan="4">中　止</td><td></td></tr>
<tr><td>1920</td><td colspan="4">○</td><td></td></tr>
<tr><td>1924</td><td colspan="4">○</td><td></td></tr>
<tr><td>1928</td><td colspan="4">○</td><td></td></tr>
<tr><td>1932</td><td colspan="4">○</td><td>○</td></tr>
<tr><td>1936</td><td colspan="4">○</td><td>○</td></tr>
<tr><td>1940</td><td colspan="4">中　止</td><td></td></tr>
<tr><td>1944</td><td colspan="4"></td><td></td></tr>
<tr><td>1948</td><td>○</td><td></td><td></td><td>○</td><td></td></tr>
<tr><td>1952</td><td>○</td><td></td><td>○</td><td></td><td>○</td></tr>
<tr><td>1956</td><td>○</td><td></td><td>○</td><td>○</td><td></td></tr>
<tr><td>1960</td><td>○</td><td></td><td>○</td><td>○</td><td></td></tr>
<tr><td>1964</td><td>○</td><td></td><td>○</td><td>○</td><td></td></tr>
<tr><td>1968</td><td>○</td><td></td><td>○</td><td>○</td><td></td></tr>
<tr><td>1972</td><td>○</td><td>○</td><td>○</td><td>○</td><td></td></tr>
<tr><td>1976</td><td>○</td><td>○</td><td>○</td><td></td><td></td></tr>
<tr><td>1980</td><td></td><td>○</td><td></td><td></td><td></td></tr>
<tr><td>1984</td><td>○</td><td></td><td>○</td><td>○</td><td>○</td></tr>
<tr><td>1988</td><td>○</td><td></td><td>○</td><td>○</td><td>○</td></tr>
<tr><td>1992</td><td>○</td><td>○</td><td>○</td><td>○</td><td>○</td></tr>
<tr><td>1996</td><td>○</td><td>○</td><td>○</td><td>○</td><td>○</td></tr>
<tr><td>2000</td><td>○</td><td>○</td><td>○</td><td>○</td><td>○</td></tr>
<tr><td>2004</td><td>○</td><td>○</td><td>○</td><td>○</td><td>○</td></tr>
<tr><td>2008</td><td>○</td><td>○</td><td>○</td><td>○</td><td>○</td></tr>
<tr><td>2012</td><td>○</td><td>○</td><td>○</td><td>○</td><td>○</td></tr>
<tr><td>2016</td><td>○</td><td>○</td><td>○</td><td>○</td><td>○</td></tr>
</table>

第二次世界大戦後の東アジアは、中国と台湾、北朝鮮と韓国という二つの分断国家（中国と台湾が分断国家かどうかは一つの論点となってきた）を抱えてきた。分断国家間には長らく交流がなく、そうした対立を避ける形で域内の交流が行われてきた。冷戦末期に域内の対立が大幅に解消されたことによって、いま見る光景が成立したのである。

本書では二〇世紀初めから現在に至る東アジアのスポーツの歴史を、オリンピックやアジア大会などの国際競技会との関係から概観する。そのさい、三つのテーマで描きたい。
まずは、①「分断と連帯（排除と包摂）」である。東アジアは冷戦によって分断される前に、すでに満洲国という分断を経験している。一九三二年の満洲国建国以来、スポーツ界は東アジアの分断にどのように対処し、そしてどのようにそれを克服しようとしたのか。この点は、ある競技会や競技組織にだれを包摂し、だれを排除するかというプロセスに、最も鮮明に現れる。本書ではオリンピックとアジア大会、それぞれの運営組織である国際オリンピック委員会（IOC）とアジア競技連盟（AGF）での包摂と排除が主たる焦点となる。

表2　東アジアのアジア大会参加状況

開催年	韓国	北朝鮮	日本	台湾	中国
1951			○		
1954	○		○	○	
1958	○		○	○	
1962	○		○		
1966	○		○	○	
1970	○		○	○	
1974	○	○	○		○
1978	○	○	○		○
1982	○	○	○		○
1986	○		○		○
1990	○	○	○	○	○
1994	○		○	○	○
1998	○	○	○	○	○
2002	○	○	○	○	○
2006	○	○	○	○	○
2010	○	○	○	○	○
2014	○	○	○	○	○
2018	○	○	○	○	○

　こうした視点が次に浮かび上がらせるのが、②「スポーツと政治」である。「スポーツと政治は別だ」という理念は、

とりわけアマチュアスポーツで強調される。イギリスで作られた最初のアマチュア規定は、金銭目当ての競技を禁止し、労働者を排除するものだった。言い換えれば、アマチュアスポーツとは、特権的な人々(ジェントルマン)が、特権的な時間(余暇)に、特権的な空間(競技場)で実践する特権的な行為であった。こうして現実から遮断された仮構の世界で平等なプレーヤーによって繰り広げられる競争に、スポーツマンシップやフェアプレイのような意味づけがなされ、普遍的な規範として確立されていった。しかし競技場内での平等は、アマチュアという資格制限によって競技場外の政治や経済の影響を排除することにより達成されるものである。それはまさしく政治にほかならない。言い換えれば、競技場内の非政治性(という幻想)を競技場外の政治で作り出すことが、「スポーツと政治は別だ」という理念の意味するところである。その典型が、共産主義の影響を排除することに尽力する一方で、スポーツの非政治主義に固執した「ミスター・アマチュア」ことアベリー・ブランデージ(第五代IOC会長)である。

スポーツと政治の問題は、しばしば政治的差別という形で現れた。差別の禁止を謳うオリンピックやアジア大会は、この問題とどのように向き合ってきたのだろうか。また、オリンピックやアジア大会は現実の政治や差別にどのような影響を及ぼしてきたのだろうか。スポーツと政治の事例として、しばしば取り上げられるのがモスクワ五輪のボイコットである。このときオリンピック・ムーブメントは大きな試練に直面した。平和な国際社会に貢献するには、他国を侵略している国家で開かれるオリンピックを拒否し侵略という行為にノーをつきつけるべきか、あるいは平和が失われた状況だからこそオリンピックを開いて友情と連帯を育むべきなのか。日本オリンピック委員会(JOC)はこのときボイコットを選択し、その理由の一つに「アジアの連帯」を挙げた。なぜ「アジア」なのか。

この問いは、とくに第二次世界大戦の敗戦国・日本が直面した③「世界とアジア」のテーマにつながる。JOCはオリンピック・ムーブメントに最も忠実な国内オリンピック委員会(NOC)と言われてきた。日本にとって世界とは「スポーツと政治は別」な空間であり、アジアとは「スポーツと政治は不可分」な空間であった。スポーツの世界的強国でありながら、アジアの盟主を自任する日本は、世界(非政治的スポーツ)とアジア(政治的スポーツ)の狭間で苦悩し続ける。アジアの非政治化を望んだ日本の姿は、スポーツ界に特有のものではなかった。国際政治学者の宮城大蔵は戦後日本のアジア関与についてこう論じた。「一貫して通底していたのは、アジアに「非政治化」を求める強い志向性であった」「経済志向によって覆われ、繋がれたアジアこそは……戦後日本が、広く存分に活動するための絶対条件なのであった」。日本スポーツ界が直面したジレンマは、戦後日本が直面したジレンマそのものだったのである。

序章「戦前の文脈」では、戦前の東アジアのスポーツ界を概観する。東アジアへのスポーツの伝播が西洋帝国主義の拡大の結果であったことは、東アジアのスポーツが最初から政治と密接に関わっていたことを意味する。実際、本書で検討する三つのテーマは、すでに戦前にそのルーツを辿ることができる。

第一章「分断のなかの政治化」は、一九五〇〜一九六〇年代を対象とする。東アジアのスポーツは冷戦によって分断され、日中間でその壁を越える試みがなされはしたが、長続きはしなかった。一方で、この時代には第三世界で脱植民地化が進み、中国とインドネシアが中心となって既存の国際スポーツ界と激しく対立した。アジアにとって、国際スポーツ界はたんなる競技の場ではなかった。日本がその中心でメダル争いに熱中していたとき、他のアジア諸国はその周縁でおのれの存在をかけた政治闘争(国名、国旗、国歌など国家のシンボルをめぐる争いでもあった)を繰り広げていたのだ。そこではスポーツの非政治主義などお題目にすぎない。日本のスポーツ界が非政治主義の規範にしがみつくことができたのは、自らの特権的な立場に無自覚だったからである。

第二章「中国の包摂」は、文化大革命の影響で国際スポーツ界を去った中国が、一九七〇年代にアジアと世界のスポーツ界に包摂される過程を描く。中国の包摂は日本にとって、オリンピック・ムーブメントを拡大するという世界のスポーツ大国としての立場からも、アジアを統合するというアジアの盟主としての立場からも、重要な課題だった。それゆえ日本は中国の包摂に尽力した。一方で、中国の包摂と、オイルショックを通じて影響力を高めたアラブ諸国の包摂は、アジアのスポーツを大きく変えることになる。スポーツの政治はこれまでおもに競技場の外で繰り広げられてきたが、新たにアジアに包摂された国々は、南ベトナムやイスラエルとの対戦拒否などの形で、政治を競技場の中に持ち込んだ。そんなアジアに日本はとまどった。ふと気がつくと、アジアから孤立した自分の姿がそこにあった。

第三章「統合をめざして」は、一九八〇年代を論じる。世界では、モスクワ五輪とロサンゼルス五輪の二度にわたる大規模なボイコットを経て、ソウル五輪で米ソ両国を含む一五九の国・地域の参加を見た。アジアの国・地域は、台湾とイスラエルを排除することによって、アジア・オリンピック評議会(OCA)のもとに統合された。その後、東アジアでは、中台、中韓の間で交流が始まり、中台間の関係改善は台湾のオリンピック、アジア大会復帰をもたらした。冷戦の終結にともない、包摂と排除という形のスポーツの政治は基本的に終わりを告げた。基本的に、と言ったのは例外があるからである。それが北朝鮮と台湾である。中韓間の関係改善は北朝鮮の孤立を招くことになった。一九七〇年代にアジアスポーツ界の主役の座を奪われた日本は、北朝鮮の包摂を主導することで、自らの影響力を高めようとする。その結果生まれたのがアジア冬季大会であり、終章で論じる東アジア競技大会(以下、東アジア大会)であった。

一九九三年に第一回大会が開かれた東アジア大会は、二〇一三年の第六回大会で廃止される。その代替として東アジアユースゲームズが創設されるが、二〇一九年に台湾の台中で開催が予定されていた第一回大会は、中台関係の悪化により、いまなお開かれていない。スポーツは依然として東アジアの分断に悩まされ続けているのである。

本書の表記に関して

国名が争点となる中華民国、中華人民共和国、大韓民国、朝鮮民主主義人民共和国は、本来正式名称を記すべきだが、繁雑となるのを避けるため、現在日本での通称である台湾、中国、韓国、北朝鮮を用いる。ただし、混乱を招く恐れがある場合は、正式名称もしくは首都の名称を用いる。

また、下記の用語は略称を用いる。国際オリンピック委員会（IOC）／国内オリンピック委員会（NOC）／日本オリンピック委員会（JOC）／国際競技連盟（IF）／アジア競技連盟（AGF）／アジア・オリンピック評議会（OCA）／日本体育協会（日体協）／陸上競技連盟（陸連）／水上競技連盟（水連）。オリンピックは大会名に限り「五輪」を用いる。たとえば、ベルリンオリンピックはベルリン五輪と記す。

目次

スポーツからみる東アジア史

はじめに

目　次

序章

戦前の文脈
——1910～1940年代

第1回極東オリンピック(1913年)参加者の記念写真
(YMCA Archives, Minnesota Univ.)

「文明」としてのスポーツ

東京高等師範学校校長の嘉納治五郎《かのうじごろう》が駐日フランス大使の依頼を受け、国際オリンピック委員に就任したのは、ロンドンでの第三回オリンピック開催後まもない一九〇九年のことだった。嘉納は大日本体育協会（英語名はJapan Amateur Athletic Association）を設立し、「国家の盛衰は国民精神の消長に因り、国民精神の消長は国民体力の強弱に関係」するという理由を挙げて、一九一二年のストックホルム五輪に参加することになる。同じ頃、東アジアでは別のオリンピックが開かれようとしていた。一九一三年一月にマニラで開かれる極東オリンピックである。この大会はエルウッド・ブラウンによって準備が進められていた。ブラウンは北米ＹＭＣＡからフィリピンに派遣され、マニラＹＭＣＡ体育主事としてスポーツの普及に取り組んでいた人物である。

精神、知性、身体の調和を理想とするＹＭＣＡにとって、身体鍛錬はよきクリスチャンとしての義務であった。その彼らが推進したのがアマチュアスポーツである。アマチュアスポーツは、階級社会のイギリスでジェントルマンを労働者から区別する役割を果たした。イギリスの文脈を離れると、それは文明を野蛮から分かつ指標として機能した。アマチュアスポーツの推進者たちは、それを通じて被植民者を文明化しようとした。YMCA体育主事のブラウンが、フィリピンアマチュア競技連盟を組織し、極東オリンピックを創設したのは、アマチュアスポーツを通じて極東を文明化するプロジェクトの一環だったわけである。こうしてスポーツは植民地支配の一翼を担うことになった。

嘉納はヨーロッパ滞在中に極東オリンピックの情報を耳にした。「日本は世界的な国際オリムピツク大会に出場する事は望む処であるが、些々たる極東競技に加入することは望まない」――これが嘉納の反応だった。オリンピックに参加して文明国の仲間入りをしたのに、どうしてアメリカによって文明化されねばならないのか。むしろ東洋では日本が文明化の使命を担わねばならない。嘉納の言葉を借りていえば、「未開劣等の国」は「優勝者」の「雄飛の舞台」であり、「東洋の先進国をもつて自ら居れる日本国は、かの憐れむべき四億の清国人を提撕《ていせい》誘導」すべきなのであった。財政基盤の弱い大日本体育協会としても、ストックホルム五輪に代表を派遣するのがやっとのことで、極東オリンピックに参加する余裕はなかった。結局、日本からは、フィリピンの招待で明治大学野球部が、大阪毎日新聞の資金で陸上競技選手二名が参加するにとどまった。

日本は世界のスポーツ界に仲間入りするのとほぼ同時に、極東のスポーツ界への仲間入りを果たしたが、二つのオリンピックに対する日本の態度は対照的だった。

第二回極東オリンピックは一九一五年に第二回極東選手権競技大会（以下、極東大会）として上海で開かれた（IOCが「オリンピック」の使用に抗議したため）。大日本体育協会は依然消極的で、少数の選手しか派遣しなかった。第三回極東大会は東京での開催だった。大日本体育協会は次回から極東大会を改革することを条件に極東大会を開催した。しかし、その改革が十分になされないと知るや、加盟したばかりの極東体育協会から脱退してしまった。

帝国日本のオリンピック・ムーブメント

一九二〇年、第一次大戦をはさんで八年ぶりに開かれたアントワープ五輪で日本は惨敗に終わった。翌年三月、嘉納治五郎が大日本体育協会会長を辞任、新会長となった岸清一《きしせいいち》はまず極東大会に全力を注ぐことを決める。同年五月に上海で開かれた第五回極東大会は、ブラウンの斡旋によりIOCの公認を受けていた。そのIOCの代表として嘉納治五郎が大会に出席した。こうしてオリンピックと極東大会が接続されたことで、東アジアへのオリンピック・ムーブメントの拡大が促された。一九二二年、王正廷《おうせいてい》が中国で最初、アジアで二人目のIOC委員に選出され、一九二四年にはフィリピンが初めてオリンピックに参加した。

オリンピック・ムーブメントは帝国日本内部でも拡大していった。一九二一年の極東大会第一次予選は初めて外地（京城《けいじょう》（現在のソウル）と台北）でも開かれた。このとき、朝鮮人は日本チームとは別で極東大会に参加しようとした。日本はこれを阻止し、中国ＹＭＣＡの実権を握っていた欧米人もこれを支持した。極東大会は民族自決をアピールする場にすべきではないという点で両者は一致しえた。植民地という現実を反映すべきか、それとも民族自決という理想を反映すべきか。現実と理想の対立は、やがて極東大会を解散に追い込むことになるだろう。

一九二三年、大阪で第六回極東大会が開かれた。その直前、中国では旅順・大連回収運動が起こり、スポーツ界でも極東大会ボイコットの声が高まっていた。上海ＹＭＣＡ体育主事ジョン・グレーは、中国のナショナリズムに理解を示しつつも、スポーツと政治は別との論理で極東大会への参加を促した。

極東大会は国際的なもので二国間のものではない。もし中国が退出すれば、国際体育における地位を喪失し、中国青年運動の体育面での発展を阻害することになる。中国が運動会を退出すべきでないことは、あたかも国際連盟を退出すべきでないようなものである。今回はたまたま日本で行われるが、日本が順番にあたったというだけで、日本の運動会ではない。極東大会は政治的性質をもたず、中国と日本の政治問題における態度とはいささかも関係がない。またたとえ中国が退出したとしても、日本を排斥する目的を果たせないのみならず、国際体育の地位の上でも大いに障害となる。さらに中国が退出すればフィリピンとの国交にも影響しかねない。中国が参加すれば、その地位と希望を示す上でもこれに

まさるものはない。(『申報』一九二三年四月一二日)

グレーは、外国人であるがゆえに、過激なナショナリズムから距離を置いて、冷静に対処することができた。これは、外国人が実権を握る中国スポーツ界の皮肉であった。スポーツの非政治主義はこのような現実を覆い隠す役割を果たした。

「アジア」の現実

しかし、中国ナショナリズムの高まりは、外国人が中国スポーツ界を牛耳る状況を放置できなかった。一九二四年、グレーが中心となって準備を進めていた全国運動会に対するボイコット運動が起こり、中国人を主体とする中華全国体育協進会(China National Amateur Athletic Federation)が誕生した。

フィリピンでも、一九二七年にレヒノ・イラナンが、アメリカ人フレッド・イングランドに替わって全国体育長官となり、スポーツ界の実権が現地人の手に移った。中国の場合と違って、フィリピンでは、スポーツを政治やナショナリズム(フィリピンの文脈ではアメリカからの独立)に結びつけるような言説は表面上ほとんどみられないが、フィリピンアマチュア競技連盟のマヌエル・ケソン会長が独立運動に熱心な政治家だったという事実が示すように、ナショナリズムとスポーツはやはり分かちがたく結びついていたのだ。

「極東大会をアジア人の手に」という目標は、一九二七年の第八回極東大会(上海)で達成される。今回初めて参加各チームの団長がアジア人によって担われることになった。この大会の運営を担った沈嗣良《しんしりょう》(中華全国体育協進会名誉主任幹事)はこの大会の意義について、「我々新興支那の青年がこの大会に期待する所は寧ろこの大会を通じて東洋民族の融和を計り、単にスポーツにおいてのみならず将来欧米に対抗するといふ主義の実現を期するにある」と語った。ここに、反欧米を共通項にしたアジア主義を見てとることができる。フィリピンと中国は対等なアジアを想像したであろう。しかし、日本はあくまで自らをアジアの盟主と意識していた。それがアジアへの侵略となって現れたとき、アジアの幻想は打ち砕かれることになる。

一九三一年九月一八日、満洲事変が勃発、翌年三月一日に満洲国が建国される。満洲にいた中国のスポーツ関係者は、満洲にとどまるか、満洲の外へ逃れるかの選択を迫られた。アメリカの国際YMCA訓練学校で体育を学び、瀋陽の東北大学体育系主任をつとめていた郝更生《こうこうせい》は北平(北京)に逃れた。東北大学の学生で、陸上競技の第一人者だった劉長春《りゅうちょうしゅん》も北平に向かった。

一九三二年五月二〇日、満洲国体育協会は二カ月後に開幕を控えたロサンゼルス五輪への参加を申請、劉長春と于希渭《うきい》の二人を代表選手に指名した。劉は満洲国代表となることを拒絶し、中国代表として出場することを宣言した。中国はこれまでオリンピックに選手を派遣したことがなく、今回も満洲事変や財政的理由から派遣を見送るつもりだった。しかし、満洲国が参加するという事態を受けて、張学良《ちょうがくりょう》（東北大学校長でもあった）らが資金を援助し、劉を中国代表としてロサンゼルスに派遣した。こうして劉は中国最初のオリンピアンとなった。一方、満洲国体育協会は独立国として参加できないことが判明すると、参加を取り止めた。大日本体育協会の岸清一会長はこれに大いに失望したという。オリンピック参加に向けて練習に励んでいた于希渭も失望しただろう。

今回の日本代表には、初めて植民地出身の選手が含まれていた。朝鮮や台湾の人々は、日本代表として最初のオリンピックを経験したのだった。役員として参加した李相佰《イサンベク》は、のちに韓国で二人目のＩＯＣ委員に選ばれる。

ロサンゼルスへ向かう途中、日本の選手はインドの役員グル・ダット・ソンディとトラブルになった。ソンディは、インド人はアーリア民族でアジアの連中とは人種が違う、日本人は蒙古の出身だと日本人を「侮辱」し、日本の選手を激怒させた。役員の田畑政治《たばたまさじ》が駆けつけたとき、鶴田義行《つるたよしゆき》がソンディを海に投げ込むと息巻いているところだった。アジアの団結のためにアジア大会を創設する中心人物の一人となるソンディも、この時にはまだ「アジア」の意識を持っていなかったのである。

満洲国参加問題

一九三四年五月の第一〇回極東大会（マニラ）を前に、満洲国体育協会が極東大会への参加を表明した。日本はかつて植民地朝鮮の参加に反対したが、傀儡《かいらい》国家満洲国の参加は強く支持した。満洲国は存在しないとの立場をとる中国は、いうまでもなく反対した。極東体育協会の規定によると、新メンバーの参加には全メンバーの賛成が必要だった。要するに、中国が反対する限り、満洲国は参加できないのである。四月に日本、中国、フィリピンの代表がこの問題を協議したが、中国は反対の姿勢を崩さず、満洲国の参加は実現しなかった。

満洲国側で極東大会参加運動を推進した岡部《おかべ》平太《へいた》は、第七回極東大会（マニラ）に日本の陸上競技総監督として参加、審判の不正にたえかね、陸上陣の大会ボイコットを主導した人物である。アマチュアスポーツの信奉者でスポーツへの政治の介入を厳しく批判した岡部は、主催国フィリピンとの親善を掲げてボイコットを批判した日本選手団長岸清一と激しく対立した。その岡部が、スポーツは国策に奉仕すべきだと主張し、満洲国の参加を認めない極東大会のボイコットを大日本体育協会に求めたのである。これに対して大日本体育協会は、スポーツの非政治主義を掲げて参加を正当化した。岡部の豹変をもたらしたのは、満洲での中国人との交流だった。それは彼に、スポーツと政治は別という規範が偽善でしかないことを思い知らせたのである。

極東大会期間中にマニラで開かれた総会で、満洲国参加問題がもう一度話し合われた。中国と満洲国が並立する現実を重視するのか、中国は一つであるという理想を重視するのか、戦後の「二つの中国」とまったく同じ構図の対立が展開されたのである。戦後の「二つの中国」をめぐる闘争で重要な役割を果たす郝更生は、このとき中国側の代表として日本と舌戦を繰り広げた。戦後台湾で最初のＩＯＣ委員となる徐亨《じょこう》は選手として参加していた。彼らにとって戦後の闘争は、「二つの中国」を貫徹するための戦前からの闘争の継続だったのである。

このとき日中双方は、互いを「スポーツと政治は別」という理念に違反していると批判した。フィリピンのように独立国でなくても極東大会には参加できた。とするなら、中国が満洲国の参加を拒むのは政治的な理由からにほかならない、と日本は主張した。一方中国は、日本が満洲国という政治的問題をスポーツ界に持ち込んだと非難した。日本は規定を変更することで満洲国の参加を実現しようとした。しかし、規定変更の手続きに関して日中代表が対立し、中国代表の退場という形で総会は突然幕を閉じることになった。中国代表も日本代表も、それぞれの国の世論から自由に振る舞うことはできず、妥協の余地はほとんどなかった。日本はフィリピンを無理矢理誘って極東大会を解散し、東洋大会という新たな大会を創設する。

極東の舞台で、日本と中国は満洲国をめぐって真っ向から対立したが、オリンピックという舞台では協力しあえた。一九三六年七月、中国のIOC委員王正廷は、一九四〇年のオリンピック開催地を決める投票で東京に一票を投じた。王はオリンピックをアジアで開くことの意義について、日本の主張に賛同していた。オリンピックは、欧米の外で開かれることで、初めて真の意味での普遍性を獲得しうるのである。長らくYMCAの活動に従事し、のち政治家となった王正廷には、理想主義的なところと現実主義的なところがあった。

東京開催が決まった翌年に日中戦争が始まると、王正廷は東京五輪反対に転じた。平和の祭典であるオリンピックを、現に戦争をしている国家で開くべきなのか。それは、王にとって、オリンピック精神への挑戦であり、オリンピック・ムーブメントの拡大よりも重要な問題だった。中国では中華全国体育界救亡協会(理事長は褚民誼《ちょみんぎ》)が中心となって東京五輪ボイコット運動が繰り広げられた。

日中戦争の影響もあり、結局、日本はオリンピック開催を断念することになる。もし東京五輪が開かれていれば、満洲国問題は日中間の大きな争点となったであろう。中国は満洲国問題で決して譲歩はしないはずだ。満洲国か中国かの二者択一を迫られた日本は満洲国を選び、中国はボイコットするだろう(ヨーロッパの一部の国々もそれに続くかもしれない)。そうなれば、アジアで初めて開かれる東京五輪の意義は大きく損なわれたはずだ。

「東亜新秩序」のスポーツ

一九三二年のロサンゼルス五輪、一九三六年のベルリン五輪で日本スポーツ界は大きく躍進し、世界のスポーツ強国の仲間入りをした。そんな日本にとって、東洋大会は競技的には大した意義はなかったが、それでも開催実現を目指したのは、満洲国が参加できる国際競技会が必要だったからである。日本はオリンピックでは非政治主義を順守した（東京五輪はその報奨だったといえる）が、アジアではスポーツを政治化したのである。

日本が推進した東洋大会は結局一度も開かれることがなかった。中国は相変わらず見向きもしなかったし、フィリピンはのらりくらりと日本の要求をかわし、東京五輪開催が決まると、オリンピックに全力を注ぎたいとの理由で東洋大会への参加を断った。日本はこれらの国々を強制的に参加させるハードパワーもなかったし、自発的に参加させるソフトパワーもなかったのである。

日中戦争勃発後、中国華北に傀儡政権である中華民国臨時政府が生まれたことで、状況が変わった。満洲国の首都新京（現在の長春）で日満華交驩《こうかん》競技大会が開催され、北京と天津の選手が中華代表として参加した。それは、当時日本が唱えていた東亜新秩序をスポーツ界で体現したものだった。岡部は中華代表の総監督を、劉長春が陸上競技の監督を務めた。劉とともにかつてロサンゼルス五輪満洲国代表に指名された于希渭は満洲国代表として参加した。

一九四〇年六月、東京で第一回東亜競技大会（以下、東亜大会）が開催された。幻となった東京五輪の代替イベントだった。南京では汪兆銘《おうちょうめい》を主席とする国民政府が誕生しており、華北の傀儡政権に代わって中華代表を派遣した。中華選手団の団長は褚民誼、かつて東京五輪ボイコット運動の先頭に立っていた人物だった。

図１　東亜競技大会に出席した溥儀（満洲日日新聞 1942 年 8 月 9 日）

第一回東亜大会は、フィリピンやハワイも参加し、国際色豊かな大会だったが、一九四二年八月に新京で開かれた第二回東亜大会は、日本とその傀儡国家だけの大会となった。この大会で興味深いのは、明確に「自由主義的なオリンピック競技」との決別を表明し、大東亜共栄圏独自の競技規則を採用したことである。英米に宣戦した日本は、オリンピックの非政治主義を「自由主義的」と批判し、オリンピックに対抗して新たな「国際」スポーツ界をつくろうとしたのである（そのオリンピック自身もナチ化の圧力を受けていた）。かくして、「共栄圏独自の大会」は「日常錬成された国民の士気と体力とを競う道場」となった。

すでに日本では、アマチュアスポーツ統括団体だった大日本体育協会が大日本体育会（会長は東条英機）に改組されており、スポーツは国策を遂行するための道具と化していた。さらに、一九四三年一一月の大東亜会議に合わせて開かれた第一四回明治神宮国民錬成大会では、西洋スポーツが一掃され、体操、武道、訓練に終始した。スポーツの政治化が行きついた先は、スポーツの自己否定だったのだ。

第1章

分断のなかの政治化
――1950～1960年代

アジアガネフォ開会式で開会を宣言するカンボジアの国家元首シハヌーク(Getty Images)

1　オリンピックとアジア大会――日本の再包摂

戦争の傷跡――ロンドン五輪（一九四八年）

一九四八年七月二九日、ロンドンのウェンブリー・スタジアムで第二次世界大戦後初のオリンピックが開かれた。イギリスのクレメント・アトリー首相は、ロンドンに集まった各国選手に「スポーツを愛する世界中の男女は、その愛の力によって、距離も言葉の相違をも乗り越えた友情の絆で結ばれるでしょう。愛はすべての国境を越えるのです」とラジオで呼びかけた。その言葉通り、前回のベルリン五輪の参加国数（四九カ国）をはるかに上回る五九カ国が参加した。そのなかには、韓国、パキスタン、シリアなど独立を果たすなどして初めてオリンピックに参加する国々も多く含まれていた。それでも、この「愛の力」が及ばない地域があった。いまだ植民地であった東南アジアやアフリカの諸国、そしてソ連もロンドン五輪に参加しなかった。一方で、憎悪の対象として積極的に排除された国もあった。ドイツと日本である。「愛の力」といえども、戦争の張本人を許すわけにはいかなかったのである。この両国が一九三六年と一九四〇年のオリンピック開催（予定）国だったことは、オリンピック・ムーブメントに与えた戦争の衝撃の大きさを物語っている。

国民党と共産党の内戦のさなかにあった中国では、一九四八年五月に第七回全国運動会が開かれ、ロンドン五輪代表が選抜された。この大会で香港や台湾、あるいは華僑の選手の活躍が目立ったのは、中国本土における戦争の傷跡が大きかったからである。中国選手団総幹事の董《とう》守義《しゅぎ》は前年六月に中国で三人目のＩＯＣ委員に選出されていたが、このことはのちに重要な意味を持つことになる。役員のなかにはのちに台湾で活躍する郝更生もいた。経済的に苦しいなか、中国はやっとの思いで選手団を送り出したが、競技面で目立った成果を残すことはできなかった。

アメリカ軍政下にあった南朝鮮では、一九四七年六月に朝鮮オリンピック委員会（Korean Olympic Committee）が設立され、ＩＯＣに加盟した。翌年一月、サンモリッツ冬季五輪に役員選手あわせて五人の代表を送り出した。ロンドン五輪には六七人の選手団を結成、一行は日本を経由してロンドンへ向かった。韓国選手団は日本の各地で在日同胞の歓迎を受けた。戦後日本はこのとき、韓国選手団を通じてオリンピックに接することになったのである。ロンドン五輪閉幕の翌日に大韓民国政府が樹立、翌月には朝鮮民主主義人民共和国も建国される。朝鮮半島の南北に二つの政府が誕生したことで、民族の分断が決定的なものとなった。

図2　博多港で在日同胞の出迎えをうける韓国選手団(コリアンスポーツ〈克日〉戦争，22頁)

アジア大会創設

ロンドン五輪に参加したアジア各国の代表者は、アジア大会開催に向けた協議を始めた。その推進役となったのは、皮肉にも戦前に「アジア」を拒否していたインドのIOC委員ソンディだった。一九四七年にインドのニューデリーでアジア関係会議が開かれたさい、ソンディはアジア大会の構想を披露した。アジア関係会議でインドがアジア・アフリカの団結のイニシアチブをとったように、ソンディもまたスポーツ界でアジアの団結を呼びかけたのである。第一回大会は一九四八年初めに開かれる予定だったが、資金やインフラの不足から実現しなかった。

東アジアでも同様の構想が練られていた。一九四八年五月、中華全国体育協進会は第七回全国運動会の会期中にアジア運動委員会の設立を決定した。教育部督学の郝更生は、アジア大会を組織するため、六月八日から約三週間にわたる遊説に出かけた。最初の訪問先のマニラでは、フィリピンアマチュア競技連盟のレヒノ・イラナンと協議し、一九五〇年から四年に一度アジア大会を開催することで合意に達した。郝はさらにシンガポール、香港を回り、アジア大会への協力を取り付けた。

アジア大会ではなく、戦前の極東大会を復活させるという考えもあった。中国もフィリピンも極東大会の参加国だった。しかし、郝によれば、日本は戦敗国で参加の権利がなく、日本が入らないのだから極東大会を復活する必要もなかった。

政治とスポーツは関係がなく、私〔郝更生〕は日本の参加を拒否すべきではないという人がいる。ただ、戦前日本はつねにスポーツを政治の道具にしており、私はすでに何度も教えを受けている。したがって、日本が講和条約に調印しわが国と国交を回復するまで、私は日本とスポーツの競技をすることはない。（『香港工商日報』一九四八年六月二一日）

満洲事変で瀋陽を追われ、マニラでは中国選手団代表として満洲国をめぐって日本と直接対決した郝更生には、日本を非難する資格が十分にあった。ただ、実際には中国のスポーツ界は、日本に教えを受ける前から政治化していた。むしろ日本のほうが中国から教えを受けたのであって、序章に登場した岡部平太はその最初の生徒だったことになる。

ソンディはロンドンで郝更生の同意を取りつけたうえで、オリンピックに参加していたアジア各国の代表を会議に招待した。インド、中国、ビルマ（現在のミャンマー）、セイロン（現在のスリランカ）、韓国、フィリピンの六カ国の代表が集まった。アフガニスタン、イラン、シリアのようなイスラム諸国が参加しなかったのは、パキスタンが「ムスリム大会」を提唱していたことと関係がある(インドとパキスタンは戦争中だった)。会議では十人委員会を設立して憲章の草案を作成することが決まり、郝更生、ソンディ、ホルへ・バルガス(フィリピンアマチュア競技連盟会長)らが委員に選ばれた。一九四九年二月にインドで国際競技会を開催し、そのさいに憲章と第一回アジア大会の開催地を決める手筈だった。

この会議では、日本は講和条約に調印しないかぎり招待されないことになった。しかし、中国選手団長王正廷は「中国や他のアジア諸国はみな日本の過去の行為をひどく恨んでいる。ただ、こうした感情は国際スポーツの場に持ち出せないだろう」とスポーツの非政治主義を主張し、日本が一九五二年のオリンピックに参加することを希望していた。このことは、先述した王正廷の理想主義的な側面の現れといえるだろう。

一九四八年九月、王正廷は、中国はアジア大会を開催できないとの談話を発表した。上海は第一回アジア大会の有力な候補地だったが、王によれば、中国には競技場などのインフラが十分整っていなかった。結果的に、これは賢明な判断だった。中国東北地方では、すでに遼瀋戦役が始まっていた。この戦役で勢いづいた共産党は、淮海戦役、平津戦役を制して、国民党に勝利することになる。

一九四九年二月、ニューデリーにインド、フィリピン、ビルマなど九カ国の代表が集まり、

ＡＧＦの設立総会が開かれた。アジア大会はもともと一九五〇年二月に開かれるはずだったが、インド側の準備の遅れのため、延期に延期を重ね、一九五一年三月にようやく第一回大会が開かれる。

第一回アジア大会と日本の参加

この間、東アジアには大きな変化が生じていた。中国では共産党が内戦に勝利して一九四九年一〇月に中華人民共和国を樹立、敗れた国民党は台湾に逃れ、朝鮮半島では一九五〇年六月に朝鮮戦争が始まった。この影響で台湾、韓国、北朝鮮は第一回アジア大会に参加することができず、建国まもない新中国はオブザーバーを派遣するにとどまった（インドは前年に中華人民共和国を承認していた）。アジア大会設立の過程から排除されていた日本は、結果的に東アジアで唯一の参加国となったのである。参加に至る過程をみてみよう。

戦後の日本では、連合国軍総司令部（GHQ／SCAP）が戦前の軍事的、エリート的スポーツを否定し、スポーツの民主化、非軍事化を推進していた。ところが、冷戦の影響が東アジアに及ぶにつれ、ＧＨＱの対日政策が転換、それに応じて日体協（アマチュアスポーツを統轄する全国的な団体。詳しくは一七四―一七五頁参照）もスポーツの大衆化からスポーツの国際復帰へと舵を切った。「フジヤマのトビウオ」こと古橋広之《ふるはしひろの》進《しん》の活躍によって、もう一度世界で戦いたいというスポーツ界と一般国民の希望が高まっていたことも、この転換を助長した。

一九五〇年二月に日本がアジア大会の招待状を受け取った時点で、日本はまだ多くの競技で国際スポーツ界から排除されていた。

最初に日本を受け入れた国際競技連盟(IF)は国際卓球連盟だった。一九四九年二月のことである。日本の加盟にはオーストラリアや共産圏の国々から強い反対があったが、アメリカ代表の尽力で承認された。

同年四月、IOC総会で日本とドイツのオリンピック参加が承認され、各IFに両国の加盟を促す勧告が出された。この総会に先立ち、GHQ最高司令官ダグラス・マッカーサーは、アメリカオリンピック委員会を通じて、日本の復帰を働きかけていた。日本水連もアメリカのスポーツ関係者の協力を得て国際水連復帰を進めていたが、このIOC勧告が後押しとなって、六月に加盟が認められた。レスリングと自転車がこれに続いた。

こうして日本は四つのIFに復帰したが、世界選手権大会など大規模な国際競技会にはまだ参加できていなかった。マッカーサー元帥の勧めもあり、日体協はついにアジア大会参加を決定する。アジア大会の招待状はインドの組織委員会が独断で出したもので、日本の国際復帰を支持するインド政府の意向を受けていたと思われる。一方、多大な戦争被害を受け、日本の復活に強い懸念を抱いていたフィリピンは日本の参加に強く反対していた。

一九五〇年五月、日体協の東龍太郎《あずまりょうたろう》会長がＪＯＣ委員長としてＩＯＣ総会にオブザーバー参加を許され、その場でＩＯＣ委員に選出された。翌月にニューデリーで開かれたアジア大会の準備会議では、日本が各ＩＦに加盟すれば参加を認めることが決まった。

その後、日本の国際スポーツ界復帰は急速に進んだ。一九五〇年七月、国際庭球連盟が日本の復帰を認めた。田畑政治によれば、「国際庭球協会《（ママ）》というところは最も対日感情のよくないといわれた濠州が重大発言権を持つているところ」だった。テニスに続いて、体操、スケート、陸上競技、サッカー、重量挙げ、バスケットボール、ホッケーがＩＦに再加盟した（表3）。

一九五一年三月、第一回アジア大会開催を前に、インドのジャワハルラール・ネルー首相は、ＡＧＦ評議員会で次のように挨拶した。

この大会によってアジア諸国の古い歴史のきずなと過去の親善関係を再現出来ることを信じている。アジアの諸国は過去において西欧の植民政策のためにお互に親密になるこ

表 3　日本の IF 加盟年月

年 月	競　技
1949. 2	卓球
1949. 6	水泳
1949. 7	レスリング
1949. 8	自転車
1950. 7	庭球
1950. 7	体操
1950. 8	スケート
1950. 8	陸上競技
1950. 9	サッカー
1950. 10	重量挙げ
1950. 10	バスケットボール
1950. 11	ホッケー
1951. 3	アイスホッケー
1951. 4	フェンシング
1951. 4	スキー
1951. 6	体操
1951. 8	ボート
1951. 9	バレーボール
1951. 9	ハンドボール
1951. 11	馬術
1951. 12	射撃
1952. 4	バドミントン
1952. 7	カヌー

図3　第1回アジア大会閉会式にて．ネルー首相(左)と大会会長ヤダヴィンドラ・シン(第1回アジア競技大会報告書，口絵)

とを妨げられていたが、この大会を機に今後ます〳〵親密の度を加えるべきであると思う。

(『朝日新聞』一九五一年三月四日)

この発言のなかでアジアは、長い共通の歴史と、西洋植民地主義への対抗によって結びつけられていた。植民地主義との闘争で勝利を収めたインドは、アジアの政治でも、アジア大会でも、主導的な役割を果たすべき存在だと自認していた。この汎アジア主義は、さらにアフリカをも含んで、一九五五年のバンドン会議に引き継がれていく。

さて、日本は第一回アジア大会で金メダル二四個を獲得した(二位のインドは一五個)。競技場での日本は依然としてアジアスポーツ界のリーダーであった。しかし、日本にとってアジア大会の意義は別のところにあった。それをよく表しているのは、「敗戦この方国旗というものを失つてゐたわれわれが沢山の国々にまじつた国際場裡で高らかに表彰の日の丸を始めて仰いだわけです。ああ国家というものがここにやつぱりあつた、というあの強い感動がよみがえつて来ました」という陸上競技ヘッドコーチ織田《おだ》幹雄《みきお》の言葉である。

このように、アジア大会を通して日本スポーツ界は国際社会に再包摂された。後年のアジア大会と違って、日本選手は誠実に、そして全力でアジア大会に参加し、アジアの仲間に受け入れられたことを喜んだ。最初は敵対的だったフィリピンの選手も、大会が終わるころには日本選手に友情を示すようになっていた。

我々はアジア競技大会がスポーツを通じての全アジア民族の一つの集りを意味するものであることをはっきりと認めたのである。そのアジア競技大会を育てゝゆくことこそスポーツ先進国としての日本のそして我々競技人の使命ではなかろうか。（浅野《あさの》均一《きんいち》「第一回アジア競技大会について」日本体育協会編『第一回アジア競技大会報告書』一〇頁）

この言葉通り、日本は一九五八年のアジア大会開催地に名乗りを上げ、「スポーツ先進国」としての役割を果たす。一方で、アジア大会に競技よりも友好を求めたことは、日本スポーツ界がオリンピック第一主義へと傾斜していくなかで、アジア大会の軽視をもたらす要因ともなる。

ヘルシンキ五輪――対抗の幕開け

一九五二年二月、オスロ冬季五輪で日本は一六年ぶりのオリンピック復帰を果たした。同年四月、サンフランシスコ講和条約が発効し、日本は主権を回復、同年七月のヘルシンキ五輪で夏季オリンピックにも復帰した。こうして日本は、アジアと世界のスポーツの舞台に相次いで包摂されることになった。

朝鮮半島はまだ戦火のさなかにあったが、韓国では一九五一年一〇月に全国体育大会が開催され、オリンピック参加の準備が進められていた。在日韓国人は後援会を結成して遠征資金を提供し、日本での練習の機会もつくった。韓国選手団の総監督は李相佰、副監督は孫基禎《ソンギジョン》、李は大日本体育協会理事として、孫はベルリン五輪に優勝したマラソン選手として、帝国日本のスポーツ界で活躍した人物であった。

北朝鮮は一九五二年五月三〇日、IOCにオリンピック参加の通告をした。サッカー、バスケットボール、ボクシングの選手を送るつもりだったが、参加申請は即座に却下された。北朝鮮にはIOC公認のNOC(国内オリンピック委員会)がなかったからである。このとき、北朝鮮が参加を思い立った背景には、ソ連のオリンピック参加がある。ソ連は一九五一年五月のIOC総会(ウィーン)で加盟が承認され、コンスタンティン・アンドリアノフがIOC委員に選ばれていた。アンドリアノフはIOC内でのソ連の影響力を拡大するために、中国や東ドイツのIOCへの加盟を支持した。ソ連の加入によりオリンピックは東西共存、あるいは東西対抗の舞台となってゆく。

国共内戦に敗れた国民党とともに台湾に逃れたスポーツ関係者は、IOCに中華全国体育協進会が台湾に移転したことを通知した。その結果、一九五一年七月のＩＯＣ公報で、中国オリンピック委員会の所在地が「中国台湾省」と変えられた。ＩＯＣのブランデージ会長は「この変更はローザンヌにあるＩＯＣ事務局ではまったく事務的なものとして記録され、その政治的意義については考慮されなかった」と述べているが、もしそうだとしたら、ＩＯＣ事務局はあまりに中国情勢に無知だったと言わざるをえない。この変更により、ＩＯＣにおける「中国」の代表権は台湾側が保持することになったからである。

一九五二年二月四日、北京の中華全国体育総会は、同会が中国で唯一合法的な体育組織であり、その資格でヘルシンキ五輪に参加する旨をＩＯＣに通知した。その後、中華全国体育総会はオリンピック参加の条件を急いで整えた。四月に国際水泳連盟、五月に国際バスケットボール連盟、六月に国際サッカー連盟に加盟し、中華全国体育総会自身も六月に成立大会を開催し、正式な組織となった。中国はヘルシンキ五輪にバスケットボール、サッカー、水泳の選手を派遣するが、それはこの時点で中国が加盟していたＩＦがこの三競技だけだったからである。

台湾に移転した中華全国体育協進会の理事長をつとめていた郝更生は、この頃アメリカ大使館ジョーンズ代理大使から、中国がヘルシンキ五輪に参加しようとしていることを伝えられた。ジョーンズは、台湾が参加しないと中国の陰謀が成し遂げられるかもしれないと述べ、台湾のオリンピック参加を促した。郝は行政院長陳誠《ちんせい》と相談し、中国をオリンピックに参加させない

図４　単身でヘルシンキに乗り込んだ郝更生．左はブランデージ（郝更生伝，62頁）

ためにオリンピックに参加することを決定、五月一日にバスケットボールと陸上競技の選手派遣を発表した。

　こうして「二つの中国」から参加要請を受けたＩＯＣは、双方の参加を認めないことにした。ルールに従うなら、台湾の代表を認めるべきであり、実際、ＩＯＣはＮＯＣが公認されていないとの理由で北朝鮮の参加を拒否していた。ただ、南北朝鮮の場合と違って、北京と台北のいずれが「中国オリンピック委員会」を代表するかは必ずしも明確ではなく、そのうえ開催国フィンランドは中国と国交を結んでいた。したがって、双方の参加を認めないというのは、ＩＯＣとしては苦し紛れの決断だったはずである。

　台湾から単身でヘルシンキに乗り込んだ郝更生は「中国オリンピック委員会」主席として、また国際ＹＭＣＡ訓練学校（スプリングフィールド大学）の人脈を活用して、ＩＯＣ委員らに台湾の立場を説明し、理解を求めた。七月一七日、ＩＯＣ総会は投票で中国と台湾双方の参加を認めた。「世界のすべての青年を大会に参加させるという原則」に則ったとオットー・マイヤー事務局長は説明した。ただし、この決定は組織委員会とIFが認めればヘルシンキ五輪への両国の参加を認めるというものであって、どちらが「中国」を代表するかという問題は先送りにされた。

投票結果を耳にした郝はただちに「中国」の不参加を表明し、IOCに抗議した。しかしこれによって自分たちが「中国」代表であることを示す機会をみすみす逃すことになった。

開会式前日の七月一八日に参加承認の電報を受け取った中国は、「二つの中国」が出現しないことを確かめたうえで参加を表明した。二三日に栄高棠《えいこうとう》（中華全国体育総会秘書長）を団長、董守義を総監督とする選手団が結成され、二九日にヘルシンキに到着した。バスケットボールとサッカーはすでに終了し、水泳の呉伝玉《ごでんぎょく》だけが競技に間に合った（予選敗退）。中国としては、ヘルシンキで国旗（五星紅旗）を掲揚できたことで、十分目的を達成したのである。

第二回アジア大会――「自由世界」諸国の団結

ヘルシンキ五輪に合わせて、第二回アジア大会準備会議が同地で開かれた。李相佰の伝記によれば、韓国選手団総監督としてヘルシンキ五輪に参加した李は、フィリピンのイラナン（第二回アジア大会組織委員会事務長）に、韓国の参加の意向を伝えた。このときイラナンは、北朝鮮が第一回アジア大会にオブザーバーを派遣し、総会にも出席したという情報を李に提供した。

慌てた李は、友人の浅野均一（第一回アジア大会日本選手団長）に調査を依頼、浅野は北朝鮮がAGFに加盟していないとの見解を伝えた。ヘルシンキ五輪には北朝鮮の選手団が滞在しており、大会への参加を求める示威行動を繰り広げていた。李は、妨害工作を回避するため、北朝鮮に知られないようアジア大会準備会議を開いてほしいとイラナンに依頼し、韓国は無事AGFに加盟できたという。この逸話には確認できない部分もあり、全面的に信用することはできないが、スポーツ界における韓国と北朝鮮の闘争の一端を垣間見せてくれる。

「中国」（台湾）の加盟もこの準備会議で認められた。第二回アジア大会（一九五四年）の主催国フィリピンはその外交的要請から台湾を参加させようとしていた。郝更生は長年の友人であるフィリピンのバルガス（AGF会長）の斡旋で、会議に出席できた。郝がバルガスの横に着席すると、インドのソンディがバルガスに、あなたの横に座っている方はどこの国を代表してそこに座っているのかと尋ねた。郝はこれを「中国」に対する侮辱ととらえ、憤然と会場を出て行った。フィリピンのアントニオ・デ・ラス・アラス（フィリピンアマチュア競技連盟副会長）のとりなしで、郝は会場に再度迎えられ、「中国」代表として会議に参加することを許された。会議の席上、郝はソンディに第二次世界大戦中、蔣介石《しょうかいせき》がイギリスの支援を受けていたにもかかわらず、インドの独立運動を支持したことを思い起こさせた。会議後、二人は仲良くなり、一九六二年の第四回アジア大会ではソンディが台湾を排除しようとするインドネシアを強く非難することになる。ただし、ソンディの態度が急変した背景には、友情の深まりだけでなく、チベットをめぐる中国とインドの対立という政治的要因があったことも間違いない。

フィリピンは表向き中国に対しても門戸を開いていると宣言していた。台湾が参加する限り、中国が参加しないことは百も承知で巧妙にアジア大会を自らの外交政策に適合させたのである。歴史研究者のシュテファン・ヒューブナーはフィリピンのこの決断を、一九三四年の極東大会でのそれと重ね合わせている。すなわち、フィリピンは極東大会に「二つの中国」をともに迎え入れようとしたが、満洲国が参加すれば中国は参加しないことを十分承知のうえで、そうしたのだった。次節で見るように、IOCも「二つの中国」問題に対して同じ態度をとることになる。現状を是認することは、スポーツが政治の世界から独立していることの証であった。

台湾はフィリピンとの連携プレーでアジア大会への参加を勝ち取ったが、中華民国政府はアジア大会に乗り気ではなかった。国家財政の状況を考えれば、アジア大会を顧みる余力はない、と行政院長の陳誠は郝に告げた。資金以上に問題だったのが参加資格である。

ヘルシンキ五輪の期間中、AGFはIOCが公認する組織となっていた。アジア大会はオリンピックの地域大会となり、アジア大会に参加するにはIOCに加盟し、さらに参加を希望する競技のIFに加盟しなければならなくなっていた。戦前の中国はどのIFにも入っていなかったので、台湾は参加を希望する競技のIFに加盟する必要があった。郝はブランデージに助けを求めるが、ブランデージは各ＩＦと交渉するしかないと自助努力を促した。

フィリピンもＩＯＣの要求に困惑していた。フィリピンはもともとアジア大会に、自国で人気のある野球、バドミントン、テニスを採用するつもりだった。しかし、これらの競技はオリンピックに採用されていないという理由で、断念せざるをえなかった。さらに、台湾などのＩＦ未加盟問題、カンボジアなどＩＯＣ未加盟国の参加問題があった。これらの問題を一挙に解決するために考え出されたのが、アジア大会をＩＯＣ規約から離れて実施するという提案だった。一九五三年の夏にはこの提案がフィリピンと台湾の間で共有され、郝更生が八月に日本と韓国、バルガスが九月に日本を訪れて、この提案に対する賛同を求めた。

このころマニラを訪れた松本滝蔵《まつもとたきぞう》（ＡＧＦ評議員、日体協理事）は、フィリピンのスポーツ関係者らがみなアジア競技大会をアジア人選手だけの大会に限定し、アジア人同士の結合で運営したいと考え、「アジアで盛んな競技、開催国の国技などの復活を希望し、戦前の極東大会再現の夢を描いている」と報告している。フィリピンはアジアの連帯を持ち出して、ＩＯＣからの離脱を正当化したのだろう。

フィリピン、台湾、日本は、この問題を協議するための評議員会開催を提案し、一二月五、六日にマニラで評議員会が開催されることになった。評議員会に先立ちシンガポールがＩＯＣからの離脱に反対を表明した。ＩＯＣを無視してアジア大会を開けば、参加国は将来オリンピックに参加できなくなるというのが理由だった。ほかにも反対が多かったようで、フィリピンは提案が承認される見込みはないと判断し、評議員会の開催を断念した。

評議員会は中止されたが、郝更生は予定通りマニラに行った。結局、各IFとの交渉しかないとの結論に達した郝更生は、フィリピンの組織委員会の協力を得て、陸上競技、サッカー、バスケットボール、水泳、水球、射撃、ボクシング、レスリング、重量挙げの各IFと連絡を取ったところ、意外にもあっさり「中国」としての加盟を認められた。「二つの中国」問題の重大性はまだ十分に認識されていなかったのである。

本年のアジア大会参加は、〔大陸〕反攻の前触れである。中華民国の男女はみな中華民国を代表してアジア大会に参加すべきである。（『香港工商日報』一九五四年一月六日）

帰国途中に立ち寄った香港で郝更生は今回の成果を誇らしげに語った。帰国後、郝はふたたび陳誠を訪ねた。「将来の国際競技会に共産党を紛れ込ませないために、また人心を奮い立たせ、国民外交を繰り広げ、国際宣伝を強化するためにも、今回我々は空前の規模のアジア大会代表を送り、我々が参加を勝ち取った競技はすべて参加しなければならないと思います」と郝は訴えた。陳はマニラへの旅費と国内での選抜、訓練にかかる費用を政府が支出することに同意した。数々の困難を乗り越え、台湾は開催国フィリピンを上回る最大規模の選手団を派遣した。

第二回アジア大会は、日比賠償交渉が決裂した直後に開かれた。日本の選手・役員も最初は

「バカヤロー」「カエレ」という言葉を浴びせられた。しかし、大会での日本選手団の態度や成績はフィリピン人の対日感情を緩和させ、帰るころには「バンザイ」「サヨナラ」「トモダーチー」のような言葉を掛けられるようになった。

こうして第二回アジア大会は「自由世界」諸国の団結を強化するのに役立ったのである。

2 「二つの中国」問題

中国のIOC離脱

中国は、前述のように三つの競技でヘルシンキ五輪に参加できたが、これは特例措置であり、中華全国体育総会がIOCに正式に承認されたわけではなかった。

「中国」の代表権問題は一九五四年五月のIOC総会（アテネ）で協議されることになった。「中国」には三人のIOC委員（王正廷、孔祥熙《こうしょうき》、董守義）がいた。孔祥熙は名目のみで、王が台湾、董が中国の側についたが、三人とも今回の総会は欠席した。王に代わって、郝更生が台湾からアテネに駆けつけたが、IOC委員ではない郝は、総会の場に入ることすらできなかった。

投票の結果、中華全国体育総会の加盟が、賛成二三票、反対二一票の僅差で可決された。このあと郝がIOC会長ブランデージを訪ねると、ブランデージは、王と孔が出席していれば二三対二三となり、あとは主席の自分が一票を投じれば共産党が紛れ込むことはなかったと憤懣やるかたない様子だった。八月のＩＯＣ公報には「中国」のＮＯＣとして、台北と北京の二つの組織が登録されていた。台北を先に記すというのが、郝がブランデージから勝ち取ったささやかな成果であった。ＩＯＣはこれで幕引きを図ったつもりだったが、「二つの中国」をめぐる闘争はさらに激しくなっていく。

一九五五年六月のＩＯＣ総会（パリ）には王正廷と董守義が出席、初めて「二つの中国」の代表が顔を揃えた。総会に先立つＮＯＣとの合同会議で、中華全国体育総会副主席の栄高棠は一つの国に一つのＮＯＣしか認めないというオリンピック憲章に依拠して、台湾の「中国」代表権を否定した。ブランデージがＩＯＣでは政治を論じないと栄の発言を遮ると、栄は「中国」オリンピック委員会を二つに分けることが政治だと反駁、気まずい雰囲気のまま散会した。

総会ではブランデージがまず栄の発言を取り上げ、これは一二〇パーセント政治的な発言だとして、出席者に政治を論じないよう注意を促した。董守義はこれに反駁しようとしたが、隣に座っていたソ連のＩＯＣ委員アンドリアノフに自重するよう求められた。ついで東ドイツ承認問題が議論されたさい、王正廷は反対の旨を述べ、さらに台湾が一九五四年にアジア大会に参加したことに触れた。王はそれによって国際スポーツ界で「中国」を代表しているのが台湾であることをほのめかしたのである。董は発言を求めるが、アンドリアノフに遮られた。ブルガリアのIOC委員が、IOCは二つの中国を認めているのに、どうして二つのドイツを認めないのかと発言したさい、董は訂正を求めようとすると、またしてもアンドリアノフに遮られた。

なぜアンドリアノフは董に発言させなかったのか。国際スポーツ界を牛耳るIOCやIFで共産主義国は少数派である。国際スポーツ界で共産主義国の影響力を拡大するには、これらの組織と全面対決するのではなく、その内部で改革を促す必要がある。したがって、もし中国がIOCのルールに従わなければ、共産主義国全体が不利益を被ることになりかねない。一方、中国からみれば、IOCにへつらうソ連のやり方は完全に間違っていた。董守義の通訳をつとめた何振梁《かしんりょう》はのちに栄高棠から厳しく批判された。共産党員ではない董守義の過ちを正すのが共産党員としての何振梁の義務だったからである。二人を監督する立場にあった栄も帰国後周恩来《しゅうおんらい》から批判を受けた。

その後も激しいつばぜり合いは続く。一九五六年一月のIOC総会(イタリアのコルティナダンペッツォ)で董守義は声明書を配布し、台北の中華全国体育協進会をオリンピック委員会のリストから外すよう求めた。ブランデージは世界各国の全ての青年にオリンピック参加の権利があり、IOCが認めたNOCを取り消すのは簡単なことではないとして、「二つの中国」問題は未解決のまま持ち越された。

一〇月のＩＯＣ理事会は、メルボルン五輪で台湾が「FORMOSA CHINA」、中国が「PEKING CHINA」の名称を使用することを決定した。メルボルン五輪は一一月二二日に開幕予定だったので、中国側は一〇月末に先発隊を派遣して台湾の参加を阻止しようと考えていたが、種々の理由で出発が遅れた。台湾側も同じことを考えており、団長鄧伝楷《とうでんかい》、顧問郝更生らが一足早くメルボルン入りした。シドニーで中国の先発隊は、台湾代表がすでに選手村に入り、中華民国の国旗を掲げていることを知る。中国側は組織委員会に対して、台湾を単独で招待すべきではなかったと抗議、この問題が解決されない限り中国の選手は参加しないと宣言した。大会直前に開かれたＩＯＣ総会で董守義は、アテネのＩＯＣ総会で中華全国体育総会は「中国」のＮＯＣであることを承認されたのだから、どのような理由で台湾の体育組織を「中国」のＮＯＣと呼ぶのか、とブランデージに問いただした。ブランデージはドイツ方式での解決を求めた（東西ドイツはこの年一月の冬季五輪から統一チームで参加していた）。結局、中国は参加を取り止めた。

その後、董守義とブランデージの間で何度か手紙のやり取りがあった。董はＩＯＣが「二つの中国」を作り出していることを批判、ブランデージは台湾に独立した政府があり、国際的承認を受けているのは事実だと主張、ともにオリンピック憲章を根拠にして相手の行動を政治的だと非難しあった。一九五八年八月一九日付の手紙で董守義はＩＯＣとの関係を断絶すると宣

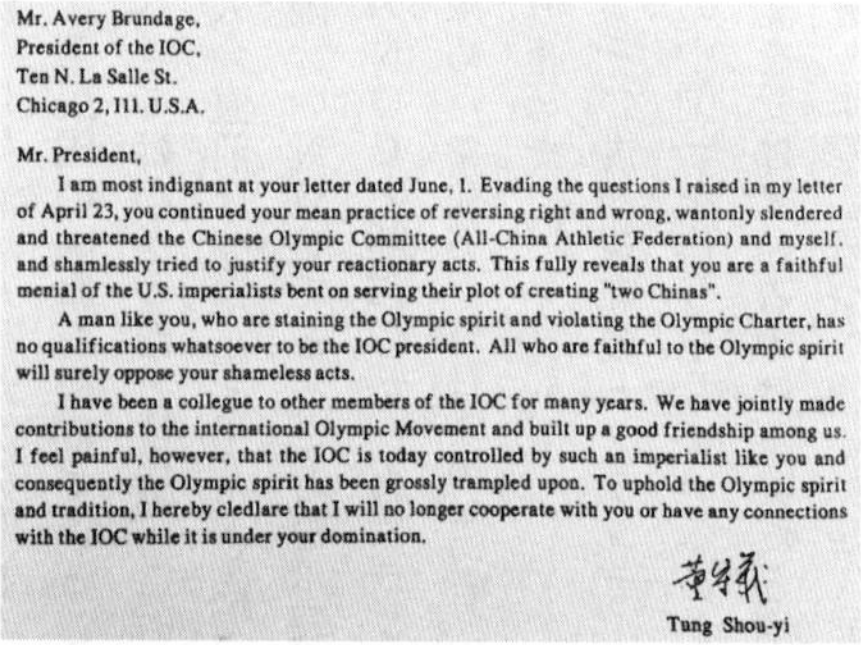

Mr. Avery Brundage,
President of the IOC,
Ten N. La Salle St.
Chicago 2, Ill. U.S.A.

Mr. President,

I am most indignant at your letter dated June, 1. Evading the questions I raised in my letter of April 23, you continued your mean practice of reversing right and wrong, wantonly slendered and threatened the Chinese Olympic Committee (All-China Athletic Federation) and myself, and shamlessly tried to justify your reactionary acts. This fully reveals that you are a faithful menial of the U.S. imperialists bent on serving their plot of creating "two Chinas".

A man like you, who are staining the Olympic spirit and violating the Olympic Charter, has no qualifications whatsoever to be the IOC president. All who are faithful to the Olympic spirit will surely oppose your shameless acts.

I have been a collegue to other members of the IOC for many years. We have jointly made contributions to the international Olympic Movement and built up a good friendship among us. I feel painful, however, that the IOC is today controlled by such an imperialist like you and consequently the Olympic spirit has been grossly trampled upon. To uphold the Olympic spirit and tradition, I hereby cledlare that I will no longer cooperate with you or have any connections with the IOC while it is under your domination.

Tung Shou-yi

図5　董守義がブランデージに送った絶縁状
(中国奥林匹克運動通史，242頁)

言した。この手紙で董はブランデージを「『二つの中国』を作り出す陰謀を実現することに没頭しているアメリカ帝国主義の走狗《そうく》」で、「オリンピック精神を汚しオリンピック憲章に違反するあなたのような人間はIOC会長となる資格などさらさらない」と強い調子で批判した。八月二〇日には中華全国体育総会がIOCに関係断絶の声明書を発表し、中国はIOCおよび国際陸連など八つのIFと関係を断った。

「中国」から「台湾」へ――筋を通すIOC

一九五八年五月の東京アジア大会に先立ち、東京の組織委員会は中国の参加を促したが、中国は不参加に終わった。台湾の郝更生はその前年に東京で開かれたAGF実行委員会に出席したさい、IOC委員の東龍太郎から次のような話を聞かされた。中国はAGFの会員になろうとして日本の各階層への浸透を図っており、日本共産党、ソ連共産党、中国共産党が気脈を通じて盛んに活動している。日本のスポーツ界には招かれて中国に行くものがたくさんいる。そのため中国が会員になるという説がかまびすしいのだ、と。東は親台湾派で、一九五七年にとみに盛んになった日中スポーツ交流(次節で詳しく述べる)を苦々しく思っていたようだ。

台湾は東京アジア大会に一三六人の大選手団を派遣したが、陸上競技チームの名称で一悶着あった。国際陸連は「TAIWAN」の名称でのみ台湾の参加を認めると決めていた。郝更生はこれに抗議し、陸上競技は「台湾(中華民国)隊」の名のもとで参加した。

しかしながら、台湾は「中国」全体を代表しえないという考え方は国際スポーツ界に広がりつつあった。一九五九年五月のIOC総会(ミュンヘン)で、ソ連の委員は「「中国」全体のスポーツを代表していない」との理由で、台北の中国オリンピック委員会の名称変更を求め、その提案は、賛成三三票、反対一九票で承認された。こうした一連の議論は、当事者不在のなかで進められた。孔祥熙は一九五五年、王正廷は一九五七年、董守義は一九五八年にIOC委員の職を辞していたからである。

IOCの決定にアメリカのメディアは過敏に反応し、IOCは共産主義者の圧力で台湾を除名し中国に再加盟の道を開いたなどと、IOCやブランデージに非難を浴びせた。たとえば、ニューヨークタイムズはこう記す。

中華民国をIOC、そしてゆくゆくはオリンピックへの参加、から追放したことで、IOCは露骨な政治的恐喝に屈したのだ。わが国務省の言い方によれば、この行為は「〔オリンピックの）非政治的伝統にまったく背馳する」ものだ。それは臆病で、弱腰で、恥知らずだ。……中華民国が「もはや中国全体のスポーツを代表していない」というＩＯＣ会長アベリー・ブランデージの言葉は、率直なアメリカ人にふさわしくない。（*New York Times*, May 30, 1959）

台湾の選手が参加を認められなければ、アメリカはオリンピックへの参加を拒否すべきだ、と共和党のフランシス・ドーン議員は語った。ドワイト・アイゼンハウアー大統領も「この決定はＩＯＣが政治に介入してきたことを示すものである」「台湾は中華民国政府の一時的な所在地であり、四五カ国がこれを認めている」と非難した。翌年二月に開催されるスコーバレー（アメリカ）冬季五輪の組織委員長は早々に、「共産党中国はスコーバレー冬季五輪への参加資格はないと判断される」と宣言した。アメリカ国務省は自国で開かれるオリンピックで台湾が参加できない場合の政治的意味を考慮し、これまでの不干渉の態度を改め、積極的に（ただし目立たないように）台湾の参加を実現するために奔走することになる。

ブランデージは、共産主義者の圧力はなく、台湾は「中国」の代表であることが認められなかっただけで、除名されたのではない、と報道が誤解であることを力説した。のちにブランデージは自著でクリスチャン・サイエンス・モニター紙の論説を引いて自らを弁護した。

まったく皮肉なことに、（アメリカ）国務省はＩＯＣに対して東側の圧力に屈したと批判したのだが、実はその裏には西側の政治圧力によって事態を逆転させられるという下心もあったのだ。これまで共産主義者たちが冷戦の拡大の具としてオリンピックを利用していることは事実だ。しかし、それだからといって、ワシントンがこれと同じことをしても褒めるわけにはいかない。この間にあって、アメリカ人の会長アベリー・ブランデージは、いずれの側にも立たないということで筋を通し、スポーツマンシップにのっとって行動してきた。ＩＯＣは一九五八年、オリンピックに政治を持ち込んだという理由で北京を叱りつけた。そして今度は同じ理由でワシントンを叱っているのだ。（アベリー・ブランデージ著、宮川毅訳『近代オリンピックの遺産』二四〇頁）

親台湾派のブランデージが台湾に厳しい決定に同意したのはフェアプレーだったかもしれない。いまやＩＯＣには「中国」を代表するＮＯＣは一つしか残っておらず、あえて台北のオリンピック委員会に名称変更を迫る必要はなかった。しかし、ＩＯＣは台北に対してもルールの適用を求めた。台北のオリンピック委員会が「中国」全体のスポーツを管轄できない以上、「中国」のＮＯＣとは認めるわけにはいかなかった。ＩＯＣとしては双方に「筋を通す」しか選択肢はなかったのである。

中国と台湾にとって、ＩＯＣの選択は、「二つの中国」をつくる陰謀にほかならなかった。クリスチャン・サイエンス・モニター紙は、ソ連もアメリカもスポーツに政治を持ち込んでいると指摘した点で正しいが、北京とワシントンを叱るというＩＯＣの行動もまた政治であることを見逃している。だからこそ、スポーツの非政治主義に固執するブランデージはこの記事に共感し、自著に引用したのであった。

台湾としては、中国の復帰を阻止するためにも、名称変更に応じてオリンピックにとどまるほかなかった。台北のオリンピック委員会は「Republic of China Olympic Committee」の名称で再加盟の申請をした。一九六〇年二月のＩＯＣ総会（スコーバレー）では、夏のローマ五輪に台湾選手が参加することは認められたが、名称問題は八月にローマで開かれる総会に持ち越された。スコーバレーの総会でバルガスは、「Chinese Taipei Olympic Committee」を提案していたが、この名称が採用されるまで二〇年近い時間を要することになる。

「TAIWAN」と「中華民国」

台湾はＩＯＣでの存在感を高めるべく、スコーバレーに冬季五輪として初めて選手団を派遣した。しかし、国際スキー連盟が手続きを故意に引き延ばし、大会直前の会議でも台湾の加盟は認められなかった。すでに現地入りしていた台湾選手団は組織委員会と交渉し、前走（本番前の試走）を担当することになった。程鴻路《ていこうろ》選手は中華民国の国旗を胸につけてコースを滑った。

一九六〇年八月、台湾はローマ五輪に七三人の選手団を派遣した。八月二二日のＩＯＣ総会

図6　ローマ五輪開会式で「UNDER PROTEST」と書いた紙を掲げて行進する台湾選手団(Wikimedia Commons)

で、台湾は「TAIWAN」の名でローマ五輪に参加することが決定した。投票は二度実施され、いずれも同数となり、三度目でようやく決まった(賛成三五票、反対一六票、棄権二票)。ＩＯＣ委員の間でも抵抗が多かったことがわかる。「TAIWAN」「FORMOSA」の名称で参加しなければならない場合は、抗議しながら参加するという事前に決めた方針に従い、台湾選手団は開会式で「UNDER PROTEST」と記した紙を掲げて行進した。この「政治的」行為にブランデージは怒り心頭に発し、マイヤー事務局長との連名で「この振る舞いによって、あなたがたは世界のスポーツマンがあなたがたに抱いたかもしれない最後の同情すら失ってしまった」と台湾選手団を批判した。

東京五輪を前に、台湾はブランデージの説得工作を続けたが、ブランデージの立場は揺るがなかった。「台湾の名義で参加させていることは、君らが単独で参加する機会を守り、西ドイツと韓国がうけた困難を受けないようにしていることになる。もし、君らが台湾が中国の一部であることを堅持するならば、大陸と合併して大会に参加しなければならないことになる」。東西ドイツ統一チームの「成功」は、分断国家の参加問題でほかの解決策をとる道を事実上閉ざしてしまったのである。

一九六三年一〇月のIOC総会（バーデンバーデン）で、台湾の選手はユニフォームや個人の備品に「ROC」（中華民国の略称）をつけることが許された。IOCが譲歩した背景には、台湾とアメリカの「政治工作」と、「日本政府の意をうけた高石真五郎《たかいししんごろう》、東龍太郎両（IOC）委員の応援」があった。一九六四年一月のIOC総会（インスブルック）ではバルガスが「中華民国」の使用を許すよう提案、賛成二三票、反対二一票で可決されるが、この決定は政治的な結果を生みかねないとして、さらに秘密投票が行われ、賛成一九票、反対三二票で否決された。

台湾は東京五輪には「中華民国」の名で参加することを決めていた。オリンピックの前年一〇月に開かれた東京国際スポーツ大会で、台湾は「TAIWAN」の名での参加を求められたことに抗議し、大会参加を取り止めた。東京五輪開幕前のIOC総会で、高石真五郎、バルガス、ヒュー・ウィアー（オーストラリア）の三人が台湾の名称変更を求める提案をした。しかし、東西ドイツ、南北朝鮮など喫緊の問題が山積しているとして、ソ連の代表が次回総会での検討を提案、結論は持ち越しとなった。

東京五輪の開会式（一〇月一〇日。この日は台湾の国慶日に当たる）で台湾選手団のプラカードには、「TAIWAN」の下に「中華民国」の四文字が漢字で書かれていた。高石によれば、東龍太郎と組織委員会の与謝野《よさの》秀《しげる》委員長が主導して漢字つきのプラカードを持たせたという。「IOCの申合せに抵触もせず、第一居合わせたIOC委員だれひとり読めた人はいないはず」だった。翌年三月に高石は台湾を訪れたさい、蔣介石からこの件で感謝されたという。

図7　東京五輪開会式の中華民国選手団（The Complete Tokyo 1964 Olympics Film: https://www.youtube.com/watch?v=WHt0eAdCCns,17’19”）

台湾の工作は実を結んだ。一九六八年のIOC総会（メキシコシティ）で、ついにIOCは「中華民国」への名称変更を認めたのである。北朝鮮の名称変更案が可決された後にバルガスが台湾の名称変更案を提出、ソ連の委員は反対したが、多数の賛成で可決された。台湾のオリンピック委員会は、同年一一月一日以降、「中華民国オリンピック委員会」の名義を使用できるようになった。

親台湾派のブランデージは一九七〇年のIOC総会（アムステルダム）で台湾の徐亨（ヘンリー・シュー）をIOC委員にした。ブランデージは理事会の強い反対をおしきって総会で秘密投票に付し、賛成四六票、反対二〇票、白票三票、棄権一票で徐のIOC委員就任が認められた。一九七二年にIOC会長を去るブランデージの置き土産だった。

こうして台湾に圧倒的に有利な状況となった背景には、一九五〇年代後半からの中ソ対立の影響があった。それまで中国の代弁者の役割を果たしてきたソ連の委員は中国問題に口を閉ざすようになった。さらに、一九六六年に文化大革命が始まると、中国は国際スポーツ界との繋がりをまったく失ってしまった。

しかし、台湾に有利な状況は長くは続かなかった。一九七一年の中国国連復帰、翌年の米中接近と日中国交正常化は、国際社会における台湾の立場を著しく弱めた。それに呼応するかのように、アジアや世界のスポーツ界で中国の復帰を望む声が高まることになる。

3　二国間交流のゆくえ

偏った交流

戦後日本で初めて開かれた大規模な国際競技会は、一九五四年一月の世界スピードスケート選手権大会(札幌)で、東アジアからは韓国が参加した。一九五六年四月の世界卓球選手権大会(東京)には中国と韓国、一九五八年五月の東京アジア大会には台湾と韓国が参加した。アジア各地で開かれた各種のアジア選手権大会でも、日本、台湾、韓国はしばしば顔を合わせた。

このように記すと、東アジアではスポーツの交流が盛んに行われていたかのように見える。しかし、二国間交流はきわめて偏った形でしかなされず、冷戦の壁を越えた交流は日本と中国の間にしか存在しなかった。自由主義陣営内部でも、日本と韓国の間の交流は一九五〇年代を通じてほとんどなかった。以下では、一九六〇年代半ばまでの日本と台湾、日本と韓国、日本と中国の二国間交流を見ていく。

日台交流と日韓交流――「もし負けたら玄界灘に身を投げろ」

日本と台湾が日華条約に調印したのは一九五二年四月、スポーツの交流はその後に始まった。一九五三年五月、フィリピン遠征の帰途に鐘紡野球チームが台湾で試合を行ったのが、戦後初の日台間のスポーツ交流である。同じく五月、台湾の軟式庭球団が来日、各地で親善試合を行った。同志社大学で開かれた歓迎会では、学友会代表が「我々はスポーツ選手として来日した諸君は歓迎するが、蔣介石政府は認めない」と発言したために、一悶着が生じている。

日本から台湾への遠征は一九五三年一二月の早稲田大学野球部が嚆矢であろう。早大野球部にとっては一九三四年一二月以来の台湾遠征だった。早大を迎えうつべく組織された全台湾軍には、嘉義《かぎ》農林《のうりん》の選手として戦前の甲子園にも出場した「台湾のベーブ・ルース」洪太山《こうたいさん》らが含まれていた。しかし、全台湾軍は早大に歯が立たなかった。植民地時代の代表的スポーツであった野球は、大陸から来た政府のもとで冷遇され低迷していたからである。翌一九五四年には全日本選抜バレーボールチーム、日本大学卓球チームが台湾を訪れ、台湾からはバスケットボールの学生選抜チームが来日、以後、日台の交流が本格化する。

日韓交流は、両国間の事情を反映して順調には行かなかった。一九四八年に韓国初代大統領に選出された李承晩《イスンマン》は日本に対して厳しい姿勢を取った。日韓関係を樹立すべく両国政府の間で何度か会談が持たれたが、大きな進展は見られず、膠着《こうちゃく》状態に陥った。一九六〇年に李承晩大統領が退陣、その翌年に朴正熙《パクチョンヒ》がクーデタで政権を握ると、日韓国交正常化に向けた交渉が再開され、一九六五年六月に日韓基本条約が締結された。

このような背景があり、日韓交流は当初国交がないなかで進められた。最初は、韓国選手が日本で開かれる国際大会に参加するという形をとった。本節冒頭に挙げた世界スピードスケート選手権大会(一九五四年一月)がその嚆矢である。同年三月にはサッカーワールドカップ極東予選の日韓戦が日本で開かれた。本来、ホーム・アンド・アウェーで行われる予選がともに日本で開かれたのは、李承晩大統領が日本選手の入国に反対していたからである。それどころか、李は日本との対戦そのものにも反対していた。李は大韓蹴球協会理事に「間違いなく、勝てるのか」「もし負けたら玄界灘に身を投げろ」と念押しして、ようやく許可を出した。韓国は一

図8　李承晩大統領(前列中央)を訪問した韓国銀行女子バスケットボールチーム(韓国籠球八十年，70頁)

勝一引き分けで世界選手権への切符を手にした。

一九五八年九月に韓国銀行女子バスケットボールチームが来日したのが二国間交流の魁である。とはいえ、一九五九年一月に台北で開かれた日本、台湾、韓国の親善女子バレーボール大会で、韓国の京畿女子大学チームが日本の中村クラブと対戦したとの理由で帰国を命じられるなど、両国間の関係はなお不安定だった。

韓国に日本の選手が初めて足を踏み入れたのは、李承晩大統領退陣後の一九六〇年一一月、サッカーワールドカップ極東予選だった。今回は韓国側から予選の第一戦をソウルで開きたいとの申し出があったが、試合直前になって韓国文部省が中止を命じた。その理由は、「在日朝鮮人の北朝鮮帰還協定の一年間延長で韓国の国民感情が悪化したため競技場に日章旗をかかげたり君が代を吹奏したりすると不測の災いが起こるおそれがある」からだった。この決定は韓国国内で猛反発を招き、政府は文部省の決定を覆し、試合を許可したが、日章旗の掲揚と国歌の吹奏はしないよう勧告した。竹腰重丸《たけのこししげまる》団長率いる日本代表は一一月三日ソウル入りし、二試合を戦い、一敗一引き分けの成績で、予選を突破できなかった。この年には、続いて、リッカーの女子バスケットボールチームが訪韓している。

こうして、一九五三年に台湾、一九六〇年に韓国との二国間交流が本格的に始まるが、中国との交流は、中国側の政治情勢の影響で不安定なものとなった。

第一次日中交流——外交とスポーツ

一九五六年三月二九日、第二三回世界卓球選手権大会(東京)に出場する中国選手団が来日した。戦後、中国のスポーツ選手が日本に足を踏み入れたのは、この時が初めてだった。中国では一九五二年に卓球の国家隊(ナショナルチーム)が組織され、翌年ブカレストで開かれた世界選手権に出場、今回が二回目の世界選手権出場だった。

中国選手団長の栄高棠は日本卓球連盟(日本卓連)に、日本の選手を中国に招きたいと申し入れた。栄自身は「個人的な申し入れ」と述べたが、もちろんそんなはずはなく、中華全国体育総会からの指示だった。費用とビザの見込みがなかった日本側は、突然の申し出にとまどった。三月二三日に設立されたばかりの日中文化交流協会は、栄高棠団長と陳先《ちんせん》副団長を招き、日本のスポーツ関係者らと懇談させた。日体協からは東龍太郎、田畑政治、森田重利《もりたしげとし》(日体協国際部長)が参加、スポーツの交流を活発にしていくことを確認しあった。

日中交流の先陣を切ったのはアイスホッケーだった(五四頁の表4)。日本アイスホッケー連盟は一九五七年二月にモスクワで開かれる世界選手権大会に参加の途中、中国で試合をしたいと中華全国体育総会に申し入れた。鬼鞍弘起《おにくらひろき》団長によれば、訪中の目的は「旅費かせぎ」だった。ソ連領内の旅費はソ連から支給されたが、そこまでの旅費がなかったのだ。一行は一月一七日に北京到着、北京、瀋陽、長春、ハルビンで試合を行い、いずれも大勝した。北京では戦後初めて日の丸が掲揚され、在留邦人が涙した。アイスホッケーのソ連遠征は日ソ国交回復(一九五六年一〇月)という背景のもとで実施されたが、中国との交流に関して「日本政府は決していい顔を見せなかった」という。

アイスホッケーチームが北京入りする直前、社会党の田原春次《たはらはるじ》議員が、日本、中国、チェコスロバキアの三角貿易に関する取り決めをするべく、北京にやって来た。田原は中国の体育当局と会談し、アイスホッケー、卓球、バスケットボール、重量挙げ、水泳に関する交流について中国側と合意した。

五月、松沢一鶴《まつざわいっかく》(日体協監事)を団長、栗本義彦《くりもとよしひこ》(日体協理事)、織田幹雄(陸連常務理事)、竹腰重丸(日体協理事、サッカー協会理事長)、鹿子木健日子《かのこぎたけひこ》(バスケットボール協会参与)、村岡久平《むらおかきゅうへい》(日中友好協会)を団員とする日本スポーツ代表団が中華全国体育総会の招待で訪中した。北京では、栄高棠、董守義ら中国側スポーツ関係者と協議し、三項目からなる覚書を交わした。その内容は、日中のスポーツ交流を盛んにすること、そのさい関係団体同士が直接連絡をとること（当面は日体協、中華全国体育総会の同意が必要）、経費は平等互恵の原則で処理することであり、政治的な内容は含まれていなかった。

六月には早大水泳部と女子バレーボールチームが訪中した。メルボルン五輪に出場した早大の山中毅《やまなかつよし》や古賀学《こがまなぶ》が練習を始めると、中国側は水中眼鏡をつけてプールの底からその泳ぎを観察した。早大チームは各地を移動する間も質問攻めに遭った。日本は自由形でリードしたが、中国は平泳ぎに長けていた。早大の安井俊雄《やすいとしお》監督に高く評価された戚烈雲《せきれつうん》は、前月に一〇〇メートル平泳ぎで世界記録を更新していた。

女子バレーボールチームを率いた佐藤賢吉《さとうけんきち》はかつて満洲で活躍した選手である。北京では六人制で戦い、大敗した。というのも、当時の日本は九人制が主流で、この時は「六人制をご教授願った」というのが実情だった。それからわずか五年で日本女子バレーは世界選手権を制する。日本が中国から得たものは大きかった。

この年最後の訪中団は竹腰重丸率いる日本サッカーチームだった。初戦は北京先農壇《せんのうだん》スタジアムで八一（中国人民解放軍）と対戦、〇対二で敗れた。この試合は周恩来首相や賀龍《がりゅう》副首相らも観戦した。日本チームの成績は二勝四敗一引き分けだった。

中国は建国以来、国際スポーツ界への参加を積極的に進めていたが、「向ソ一辺倒」の外交政策を反映して、ソ連・東欧諸国との交流が主体だった。ソ連・東欧圏以外の地域との交流が本格的に始まるのはまさにこの年である。この時期、日中間では「積み上げ方式」の文化、経済交流が進められており、スポーツもそれに続いたことになる。ところが、一九五八年に交流は突然終わりを迎える。その直接の引き金は五月に起こった長崎国旗事件（右翼青年が中国の五星紅旗を引き下ろした事件、台湾の在長崎領事館が関与していた）で、これに反発した中国が一方的にスポーツ交流の中止を伝えてきた。

図 9　日本サッカー代表を歓迎する，左から賀龍，周恩来（新体育 1957 年 22 期）

この背後には中国の外交政策の転換があった。スターリン亡き後のソ連はアメリカとの平和共存を重視したが、中国は対米強硬路線を堅持、両者の対立は毛沢東《もうたくとう》が出席した一九五七年一一月のロシア革命四〇周年記念式典で表面化した。ソ連への対抗意識も一因となって、中国国内では大躍進運動が始まった。対米強硬路線は、一九五八年八月の第二次台湾海峡危機となって現れた。前節で触れたように、同

表4　日中スポーツ交流(1956-1966)

年　月	団体・大会	競技種目	訪　問
1956. 4	世界選手権(東京)	卓球	中国→日本
1957. 1	日本アイスホッケー団	アイスホッケー	日本→中国
1957. 5	日本スポーツ代表団		日本→中国
1957. 6	女子バレーボール日本代表	バレーボール	日本→中国
1957. 6	早大水泳チーム	水泳	日本→中国
1957. 7	日本重量挙げチーム	重量挙げ	日本→中国
1957. 10	日本サッカーチーム	サッカー	日本→中国
1961. 4	世界選手権(北京)	卓球	日本→中国
1961. 4	川本信正と杢代哲雄の訪中		日本→中国
1962. 6	日本卓球チーム	卓球	日本→中国
1962. 10	中国卓球チーム	卓球	中国→日本
1963. 2	世界選手権(軽井沢)	スケート	中国→日本
1963. 8	日本バレーボールチーム	バレーボール	日本→中国
1964. 3	中国バレーボールチーム	バレーボール	中国→日本
1964. 5	中国卓球チーム	卓球	中国→日本
1964. 5	川崎秀二の訪中		日本→中国
1964. 10	日本卓球チーム	卓球	日本→中国
1964. 11	ニチボー貝塚チーム	バレーボール	日本→中国
1965. 4	日本男子ハンドボール代表団	ハンドボール	日本→中国
1965. 4	大松博文の訪中	バレーボール	日本→中国
1965. 7	日本卓球チーム代表団	卓球	日本→中国
1965. 7	日本スポーツ使節団		日本→中国
1965. 9	大松博文の訪中	バレーボール	日本→中国
1965. 10	中国体育訪日代表団		中国→日本
1965. 11	日本バレーボール代表団	バレーボール	日本→中国
1966. 1	スピードスケート選手団	スケート	日本→中国
1966. 3	早大，ニチボー平野チーム	バスケットボール	日本→中国
1966. 3	中国バレーボール訪日代表団	バレーボール	中国→日本
1966. 5	中国卓球代表団	卓球	中国→日本
1966. 6	日本スポーツ訪中代表団		日本→中国
1966. 7	日本アマチュア自転車連盟代表団	自転車	日本→中国
1966. 7	横浜市少年サッカーチーム代表団	サッカー	日本→中国
1966. 8	日本卓球チーム代表団	卓球	日本→中国
1966. 8	日本テニス代表団	テニス	日本→中国
1966. 8	八田一朗の訪中		日本→中国
1966. 9	中国ハンドボール選手団	ハンドボール	中国→日本
1966. 10	日本レスリング代表団	レスリング	日本→中国

じ月、中国が「アメリカ帝国主義の走狗」ブランデージ率いるＩＯＣと関係を断絶したのも、中国の対米強硬路線の一環ととらえることができる。ＩＯＣ脱退後、中華全国体育総会の張聯《ちょうれん》華《か》秘書長は「国際スポーツ界における中国の友人とは従来通り友好的接触を強化したいと望んでいる」と語り、事実それ以降もソ連、東欧圏を中心にスポーツ交流は続けられるが（六二頁の表５）、日本との交流は途絶えた。

第二次日中交流——拡大とふたたびの中断

大躍進が失敗し、中ソの対立が激化するなかで、中国は外交関係の調整を余儀なくされた。一九六〇年八月、周恩来は対日貿易三原則を提起、政経分離にもとづく日中貿易（いわゆるＬＴ貿易）が再開され、これと並行して、友好商社による「友好貿易」も実施された。こうした友好商社の一つに兼松江商があった。ロサンゼルス五輪（一九三二年）水泳の金メダリスト清川正《きよかわまさ》二《じ》は同社の社員で、一九七六年に社長に就任する。のちに清川がＩＯＣ副会長として中国のＩＯＣ復帰に尽力したのは、偶然ではあるまい。

一九六〇年一二月、スポーツ交流も経済交流に一足遅れて再開され、中国側からスポーツの視察団を招待するとの連絡が日中文化交流協会にあった。翌一九六一年四月、川本信正《かわもとのぶまさ》（スポーツ評論家）と杢代哲雄《もくだいてつお》（オリンピック青年協議会理事長）が訪中、中国側とスポーツ交流を再開することで合意した。具体的には、中国がバスケットボールと体操を、日本がサッカーと体育当局幹部をそれぞれ招待し、中国がＩＦに未加盟の競技は親善試合の形で交流することになった。

川本らが北京を訪問した時、同地では第二六回世界卓球選手権大会が開かれ、日本の卓球チームが初めて中国に来ていた。男子団体五連覇を狙う日本チームは決勝で中国に敗れる。日本卓球黄金時代の終わり、そして中国卓球黄金時代の始まりであった。

スポーツ交流の再開は約されたものの、早速困難に直面した。五月、国際サッカー連盟が中国との試合に難色を示した。中国は、中国がＩＦに未加盟でも「勇気をもって交流を推進してほしい」と日本に要望したが、日本はＩＯＣやＩＦには従順だった。一方で中国との交流に前のめりになっている日本に対して、台湾もいい顔をしなかった。予定されていた交流が一つも実現しないまま一九六一年は終わった。

一九六二年二月、日本陸連は国際陸連からの指示で中国との交流を中止することを決める。結局、中国がＩＦに加盟する卓球、バレーボール、スケートの三競技だけが交流を続けた。

一九六四年は東京五輪の年で、日本は中国のオリンピック参加を促したが、中国は応じず、それどころか、アラブ諸国が東京五輪ボイコットを声明すると、これを支持した。中国の各新聞は東京五輪の開幕を報じるかわりに、大会をボイコットした北朝鮮とインドネシアの抗議を支持する社説を掲げた。中国にとってオリンピックは「米帝国主義分子ブランデージ氏に支配され、新興国人民を抑圧し、「二つの中国」、または「一つの中国と一つの台湾」をつくり出す米帝国主義の政治的道具」にほかならなかった。次節で詳しく述べるように、おりしも中国は反オリンピック・ムーブメントである新興国競技大会（ガネフォ）を主導していたから、東京五輪に参加するわけにはいかなかったのである。そればかりか、中国は東京五輪開催中の一〇月一六日に初の核実験を成功させ、「平和の祭典」に強烈なパンチを浴びせている。

一九六五年も交流の拡大は見られないが、後につながるいくつかの動きが注目される。大松《だいまつ》博文《ひろふみ》が周恩来に招待されて二度中国に行ってバレーボールのコーチをしたことも目を引くが、日中交流の視点で重要なのは日中のスポーツ役員が互いを訪問したことである。

五月に訪中した日本ハンドボール協会の高島洌《たかしまきよし》理事長は、中華全国体育総会の張聯華秘書長と会談、スピードスケート、サッカー、バスケットボール、およびスポーツ役員の交流について意見を交わした。これまで実績のない競技でも日中交流が始まろうとしていた。七月に保坂《ほさか》周助《しゅうすけ》（日体協理事、神奈川県体協）、竹腰重丸、山口久太《やまぐちひさた》（日体協理事、千葉県体協）、牧山圭秀《まきやまよしひで》（日本バスケットボール協会常任理事）の四名が訪中し、一〇月に張聯華を団長とする中国体育代表団が来日した。中国側は「全種目に全面的な交流」を希望し、日本からスケート、卓球、自転車のチームが中国に、中国からバレーボールチームが日本に遠征することが決定、バスケットボール、ハンドボール、バドミントン、サッカーでも交流の計画が進んだ。代表団一行は岐阜国体の開会式を参観したが、ちょうどIOCのブランデージ会長も来ており、気まずい雰囲気だったという。東京五輪の翌年に開かれた岐阜国体は、「岐阜方式」と呼ばれる選手強化策で成績をあげ、「天皇陛下万歳三唱」をプログラムに採用し、広範な人々を動員してマスゲームなどに参加させ、競技施設や道路整備に多くの税金をつぎ込むなど、その後の国体のモデルをつくりあげた。代表団が「組織力の強さに深い感銘」を受けたのも当然である。一方ブランデージは国体から、「国内の隅々までオリンピックの精神が浸透している」ことを見て取った。

日中スポーツ交流は一九六六年に一気に花開いた。バスケットボール、自転車、サッカー、レスリングなど、多様な種目で交流が行われた。IFが未加盟国との交流を厳禁していた陸上競技と水泳でも進展があった。六月末、日本陸連と水連の幹部が訪中した。メンバーは陸連の河野《こうの》謙三《けんぞう》会長、青木《あおき》半治《はんじ》理事長、水連の田畑政治名誉会長、奥野良《おくのりょう》会長らであった。河野は中国との交流に二つの意味を見出していた。①隣国とは仲よくしなければならないが、交流の手段としてスポーツは適している。②日本のスポーツを発展させるためにも、身近に強いライバルが必要である。一方、田畑は「中国を孤立させておいては、国際スポーツのトラブルは解決しない」と考え、中国を「国際」スポーツ界に包摂する方途を探っていた。日中の代表は記録交換通信競技会(それぞれ競技会を開いて記録を通知しあう)と合同練習会を開催することで意見の一致を見た。変則的な交流になったのは、国際陸連、国際水連が非加盟国との競技会を認めていないからである。日本側はこのようなＩＦの規定が日中スポーツ交流の障害となっていると考え、その改正に努めることを約束した。

参議院副議長でもある河野は、帰国後佐藤栄作《さとうえいさく》首相を訪ね、スポーツの交流が米ソの国交改善の要因となったことを例に、「日中の国交改善を進めるため、まずスポーツの交流を進めたらよいと思う」と進言した。佐藤政権は対米追従、親台湾的とされ、北京で河野が周恩来首相と会ったとき、周が佐藤を非難したのもそのためだった。しかし、佐藤は日米貿易経済合同委員会をめぐるアメリカとの交渉では、中国を封じ込めようとするアメリカに対して、政治と経済を分離し、日中貿易の拡大により中国を孤立から共存の道に引きだそうとしていた。とするなら、スポーツを通じた交流の拡大にも反対はしなかったのではないか。

こうして、水陸の両競技でも中国との交流の道が開かれ、一九六六年九月には中国からハンドボールチームが来日し、一〇月には日本からレスリングチームが訪中した。さらに一九六七年春には陸上の通信競技会が挙行されることになった。しかし、交流は実現しなかった。すでに文化大革命が始まっていたからである。一九六七年一月には日本で日中対抗スケート競技会が予定されていたが、中国側からの連絡がなく、中止に追い込まれた。同じころ、陸連の大島《おおしま》鎌吉《けんきち》、水連の古橋広之進らの訪中も延期を余儀なくされていた。二月に中国側から日中の文化交流を中止するとの申し入れがあり、以後、一九七〇年まで、中国は国際スポーツ界から姿を消すことになる。

中国は孤立していたのか

文化大革命中、日本のスポーツ関係者は中国が国際スポーツ界から孤立していると見ていた。たとえば、河野謙三は訪中後に中国のスポーツについてこう語っている。

> 現在の中国は毛思想という宗教によって動いているのですが、信仰の団体というものは、どうしても排他的になりやすいのです。自分の信じている宗教でなければ宗教にあらずと言ったように……《ママ》、それが外交面にも表れていると思うんです。だから今の中国はどこの国からも相手にされていません。スポーツ界でもそうです。……このままじゃあ中国はスポーツ界でも孤立してしまいますよ。……《ママ》世界のスポーツ界がもっと中国を大きな目でみてやること、そして中国のスポーツ界の反省、これが世界の平和につながる道かも知れないな。（「中国は日本の隣組　日中スポーツ交流をすすめる　河野謙三さん大いに語る」『陸上競技マガジン』一六巻一五号、一九六六年一二月二〇日）

「毛沢東のスポーツを語る」という座談会では、スポーツ評論家の川本信正と毎日新聞運動部の矢野博一との間で次のような応答がなされた。

川本「困ることはアメリカやソ連と仲たがいしていて、国際的に封鎖されたままなんですね。これがいつ解消されるか。このへんにも中国スポーツの将来に問題がかかっています。どうしても国際交流を深めないと伸びない競技もありますからね」
矢野「結局、はけ口は日本だけだということになりますね」
川本「そこに日中スポーツ交流の意義もあるといえます」(「毛沢東のスポーツを語る」『陸上競技マガジン』一六巻一五号、一九六六年一二月二〇日)

彼らの認識は間違っていない。従来の反米に加えて、一九六〇年代にはソ連との対立を深めるなか、中国はAA諸国との交流に活路を見出していた。その一環が次節で論じる新興国競技大会(ガネフォ)であった。しかし、盟友のインドネシアが政変で離反し、中国が推進したAA会議も開けないなど、文化大革命を前に中国は国際的に孤立しつつあった。

中国側の見方は違った。中華全国体育総会の張聯華秘書長は、「ことしの例をあげてもこの夏に八十回の国際交流を行なっている。それだけでなくわれわれは世界の六十カ国以上と常時スポーツ交流を行なっており、オリンピック大会に出られなくても少しも不自由はしないのである」と語っている。表5をみれば、このような見方が間違いではないこともわかる。

要は、日本の考える「国際」スポーツ界と中国のそれとにズレがあったのだ。中国の「国際」スポーツ界は日本のそれより、競技レベルは相当低かっただろう。それはガネフォ(一九六三年)やアジアガネフォ(一九六六年)で中国が圧倒的な成績を収めたことからもわかる。中国

表5　中国の対外スポーツ交流人数

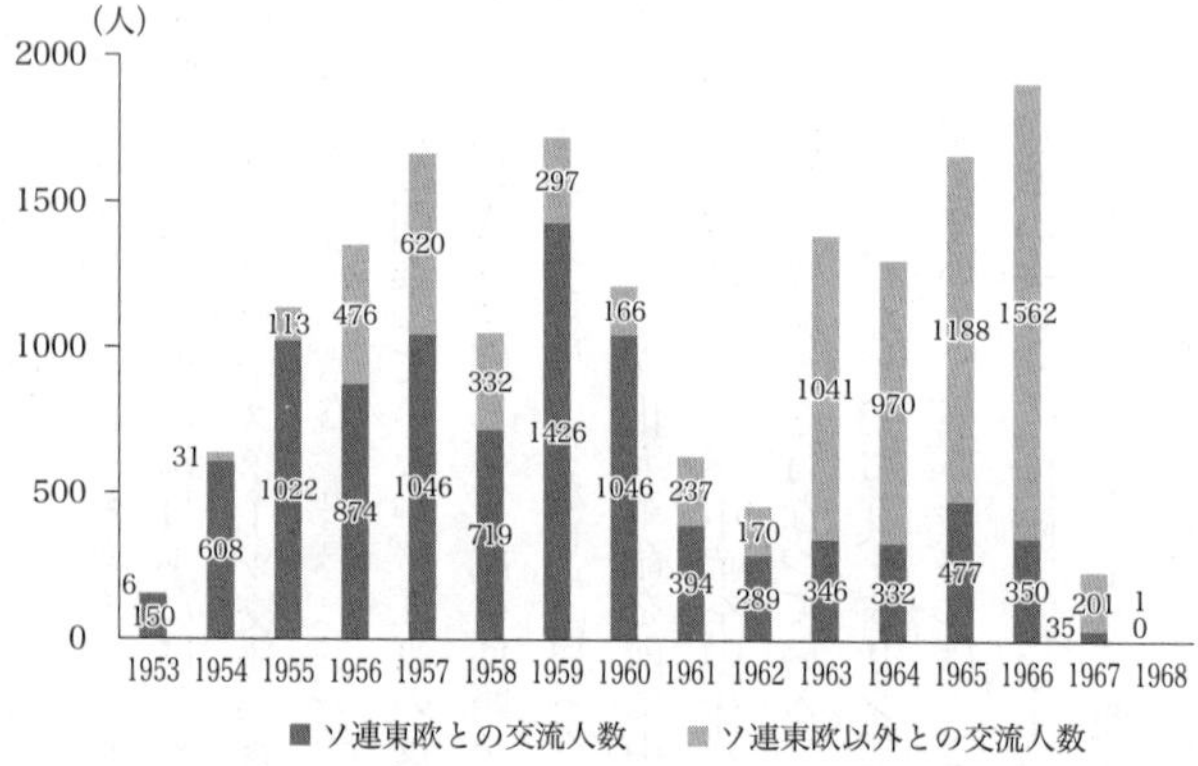

がレベルの高い競技を求めたとき、日本は格好のターゲットだったはずである。日中交流で中国側が日本を招待するケースが多いのは、そうした中国側の需要を反映しているのだろう。一九五七年から一九六六年まで、中国とアジア諸国の間の二国間スポーツ交流は合計二四四回を数えるが、最多が日本の三五回、次いで北朝鮮と北ベトナムの各三二回となっている。中国にとって日本はアジアで最も重要な交流相手の一つだった。

冷戦による分断後、東京五輪前後までに、東アジアでは二国間交流が徐々に確立されていった。国内で異論が許されない中国、韓国、台湾、北朝鮮と違って、日本の社会では外交に関しても自由な議論が許され、東アジアのいずれの国とも何らかのパイプを有していた。宮城大蔵は戦後の日本外交について、「アジアか、欧米か」「自由主義陣営か、共産主義陣営か」という二項対立を架橋することこそ自らの使命ととらえていた、と論じるが、これはまさしく戦後アジアのスポーツ界で日本が果たした役割を言い当てている。冷戦の壁を越えた交流は日中間でしかみられず、しかもそれは極度に不安定なものであったが、このとき築かれた両国間のパイプは、一九七〇年代に中国が国際スポーツ界に復帰するさいの重要な資源となる。

4　アジアスポーツ界の政治化——新興国競技大会の波紋

第三回アジア大会——東京五輪の予行

文化大革命前に中国が日本との交流に乗り出したのは、じつはもっと大きな動きの一部であった。この時期の中国は、積極的に第三世界諸国との関係構築を進め、米ソを頂点とする国際秩序に揺さぶりをかけていた。スポーツの世界では、新興国競技大会(ガネフォ)という形で現れることになる。ガネフォ創設の直接の契機となったのは、第四回アジア大会であった。

冷戦が進むにつれ、アジア大会は自由主義国家の競技会という性格を強めていた。一九五一年の第一回アジア大会(ニューデリー)の参加国は一一カ国だったが、三年後の第二回アジア大会(マニラ)では一八カ国に増えた。新たに加わったのは、イスラエル、韓国、パキスタンなど親英米的な国々で、分断国家の場合はいずれも南側=反共の国々(韓国、台湾、南ベトナム)が参

表6　アジア大会参加国（1951-1962）

参加国名	①1951	②1954	③1958	④1962
アフガニスタン	○	○	○	○
イラン	○		○	
インド	○	○	○	○
インドネシア	○	○	○	○
シンガポール	○	○	○	○
セイロン	○	○	○	○
タイ	○	○	○	○
日本	○	○	○	○
ネパール	○		○	
ビルマ	○	○	○	○
フィリピン	○	○	○	○
イスラエル		○	○	
韓国		○	○	○
カンボジア		○	○	○
北ボルネオ		○	○	○
台湾		○	○	
パキスタン		○	○	○
香港		○	○	○
マラヤ連邦		○	○	○
南ベトナム		○	○	○
サラワク				○
参加国数	11	18	16	12
参加者数	489	970	1820	1460
競技数	6	8	13	13

加した（表6）。こうしたアジア大会の地域形態こそ、自由世界に属するフィリピンにとっての「アジア」にほかならなかった。

第三回アジア大会は一九五八年五月に東京で開かれた。日本の主催者はアジア大会の地域形態を変える努力をほとんどしなかった。北朝鮮が参加を要望したさい、組織委員会は北朝鮮がIOCに加盟していないとして、冷淡な態度を取った。一方中国には招請状を送るなど積極的な働きかけを行った（中国はまだIOCと関係を断絶していなかった）。中国側は台湾と連合チームを結成して参加することを日本に提案してきたが、台湾がこれに応じるはずもなく、体のいい断り状であった。一九六四年の東京五輪での日本の対応はまったく違っていた。一九五八年八月にＩＯＣと関係を断絶した中国には積極的な働きかけをせず、第5節で詳しく述べる経緯でＩＯＣへの仮加盟が認められていた北朝鮮の参加には、最後の瞬間まで努力を惜しまなかった。要するに、日本の対応は、ＩＯＣの枠内で、民族、政治、宗教などの差別を認めないオリンピックの精神を実践していたのである。こうした日本の姿勢は、一九五七年に岸《きし》信介《のぶすけ》内閣が打ち出した外交三原則「国際連合中心」「自由主義諸国との協調」「アジアの一員としての立場の堅持」を基本的になぞるものだった。

アジア大会は日本の主催者の最終目標ではなく、東京五輪こそ、彼らの目指すものであった。アジア大会期間中に、アジアで初となるＩＯＣ総会を東京に誘致したのもそのためだった。東京アジア大会の参加国数は前回より若干減ったが、競技数は八から一三に増え、参加者数も九七〇人から一八二〇人とほぼ倍増した。規模ではメルボルン五輪（六七カ国、三一七八人）に及ばないものの、「東京アジア大会がメルボルン大会のあとで良かった」というメルボルン大会組織委員会会長の率直な感想からうかがえるように、技術・組織の水準で前回のオリンピックに決して引けを取っていなかった。東京アジア大会は、日本がオリンピックを立派に開催できることを世界に示したのである。東京が一九六四年のオリンピック開催地に選ばれたのは、それから一年後のことだった。

東京アジア大会が、オリンピックの水準で、かつオリンピックの精神に忠実な形で開かれたことは、日本の政府や国民にオリンピックに対するある種の幻想を植え付けることになったのではないだろうか。民族、政治、宗教の違いをこえて開かれる平和の祭典――それはあくまで理想である。自由主義国家中心のアジア大会で、「政治」は表舞台に出てくることはなかった。しかし、スポーツの世界でも政治の問題は徐々に感じられるようになっていた。メルボルン五輪では英仏軍のエジプト侵攻に抗議してイラクとリビアが、ソ連軍のハンガリー侵攻に抗議してスペイン、スイス、オランダがボイコットしている(台湾の出場を理由とする中国の不出場もこれに加えていいだろう)。一九六〇年から六三年にかけて、NATO加盟国の干渉で東ドイツが競技会に参加できない事態が何度も生じていた。だが、こうした出来事が日本の政府や国民に切迫感をもって受け止められることはなかった。

第四回アジア大会――排除の政治

「政治とスポーツは別」というアマチュアスポーツ、そしてオリンピック・ムーブメントの理念とはうらはらに、一九六二年の第四回アジア大会は政治とスポーツが不可分の関係にあった。そもそもこの大会は、反帝国主義、反植民地主義、反・新植民地主義というスカルノ大統領の政治目標を達成するために準備されたもので、政治への奉仕は大会の前提でもあった。インドネシアは、イスラエル、台湾、韓国とは国交がなく、中国と北朝鮮を承認していた。国交のない三国のうち、インドネシアは、宗教的な繋がりの強いアラブ諸国との関係でイスラエルを、また関係を強化しつつあった中国の圧力で台湾を、大会から排除することをもくろんだ。アラブ諸国の包摂には失敗した。インドネシアは大会直前に開かれたＡＧＦ評議員会にアラブ連合共和国（エジプト）の加盟を提案するが、僅差で否決された。イスラエル排除への反感が原因だった。

イスラエルと台湾の排除は巧妙に進められた。両国が排除されるという噂は、一九五八年にジャカルタがアジア大会開催地に決まった直後からあった。一九六二年一月、ＪＯＣはインドネシアが台湾、韓国、イスラエルを招かず、中国と北朝鮮を招くかもしれないという情報に接し、インドネシアにその真偽をただした。次期オリンピック開催国として、日本はＩＯＣの規則を守ることに敏感であった。インドネシアのスポーツ大臣マラディは、こうした噂を何度も否定し、イスラエルや台湾を排除しないとの意向を表明しなければならなかった。

台湾では八月一日に一〇八名からなるアジア大会選手団が結成された。その三日後、インドネシアから小包が届いたが、中にはビザではなく大量の白紙が入っていた。ビザが届かないとの台湾からの抗議に対して、インドネシアの組織委員会は「目下調査中だが、たとえ身分証明書がなくとも台湾の参加を期待している。だが、台湾チームが当地に到着しても、新たに身分証明書が発行されるかどうかはわからない」と曖昧な回答をした。台湾選手団は一四日の出発予定だった。時間はあまり残されていない。アジア大会実行委員の郝更生のもとには、二二日にジャカルタで開かれるAGF評議員会への参加を促す電報が届いたが、招待状やビザは送られてこない。一〇日、郝更生は香港経由でバンコクに向かい、インドネシア領事館でビザの申請をするが取得できなかった。台湾選手団はやむなく出発を延期した。いったん台北に戻った郝は、一八日にバンコクに飛び、二〇日にタイと香港選手団のチャーター機に便乗してジャカルタに飛ぶ。郝の情報を中国から受け取ったインドネシアは郝の入国を許可しなかった。郝がインドネシアに潜入を試みたのは、インドネシアが台湾を排除しようとした結果であったが、インドネシアはこれを台湾を排除する理由として取り上げた。開会式の翌日、台湾は選手団解散を発表した。

日本のスポーツ関係者が台湾の苦境を知らされたのは八月一七日のことである。外務省でこの情報に接した日体協の津島寿一《つしまじゅいち》会長は、「本件はまだ開会まで一週間の余裕があることであるので今後の情勢を見て現地で話合うことになると思うが自分としては日本が先頭にたって問題を取上げることはしない積り」と静観の構えをとった。東京五輪組織委員会会長でもある津島は、インドネシアがAGFの憲章に違反する行為をするはずがないと楽観視し、このようなもめごとに関わることを明らかに忌避していた。台湾からの要請を受けた外務省もスポーツ界での解決を望み、政治の介入と見られないように努めた（のちに外務省情報文化局長は「相談も受けていない」としらを切った）。「スポーツと政治は別」という理念は政治家や官僚にも共有されており、またスポーツ界がそうした問題を自身で解決できる、または解決すべきであると考えられていたのである。

ジャカルタの混乱

八月一九日、日本選手団の第一陣がジャカルタへ向けて出発した。その日、日本の朝刊各紙は台湾とイスラエルの参加が絶望的になったことを伝えた。同日、国際陸連のオブザーバーとしてアジア大会に出席する浅野均一のもとに、国際陸連から「台湾、イスラエルの入国に努力せよ。入国がだめなときは、オリンピック憲章と大会憲章にもとるから、重大な結果になる」との電報が送られて来た。さらに浅野は、アジア大会の参加者は除名するとの国際陸連からの電報を受け取った、とも伝えられた。この情報は関係者に大きな衝撃を与えた。東京五輪への影響が必至だったからである。

二二日にＡＧＦの評議員会、二三日に総会が開かれた。インドのソンディらは、台湾とイスラエルを排除するインドネシアの行為はＡＧＦ憲章違反であるとし、両国の参加なしで大会を開く場合は大会名称を変更すべきだと主張した。総会は二四日午前四時半まで続き、インドネ

図10　第4回アジア大会開会式で手を振るスカルノ（第4回アジア競技大会報告書，口絵）

シア政府に両国選手団が入国できるよう要請することが決議されるが、大会名称問題についてはうやむやなままにされた。その日の午後の開会式は予定通り実施された。インドネシア政府はすでに不出場を決めたイスラエルに対して入国の便宜を図るよう組織委員会に命じたが、待機中の台湾に対しては何の指示も出さなかった。両国の参加が事実上不可能になるまで引き延ばすインドネシア政府と組織委員会の作戦に、各国代表はまんまと乗せられてしまったのである。

大会の合法性について結論を下すことができなかった日本選手団は、ひとまず開会式に出たうえで、競技への参加を検討することになった。この間、東京のＪＯＣから「アジア競技大会には正式に参加せよ。責任はＪＯＣが持つ」との連絡があった。陸上役員の織田幹雄と田島直《たじまなお》人《と》も国際陸連はアジア大会に参加したすべての国を除名することはできないと踏んでいた。なにより盛大な開会式が終わって選手たちが張り切っている様子をみるといまさらこれはアジア大会ではないとも言い出せず、陸上競技も正式な大会として参加することを決定した。

二五日正午、日本の呼びかけで各国陸上チームの監督会議が開かれ、パキスタン、香港、インドネシア、フィリピンなど一一カ国の代表が集まった。日本選手団団長の野津謙《のづゆずる》は「私たちは、互いに手をたずさえて、堂々と大会に参加しよう」と熱弁を振るい、各国代表は参加を確認した。もっとも、セイロンやシンガポールなどは「我々小国にとってはオリンピックよりもアジア大会の方がはるかに重要だ」と、日本の態度にかかわらず出場することを決めていた。午後四時から競技が始まると、会議に出席しなかった国の選手も姿をみせた。韓国の南昇龍《ナムスンニョン》監督は出場を希望していたが、韓国選手団本部の決定により不出場となった。

二五日夕方、日本陸連の東京残留役員は春日弘《かすがひろむ》会長名で青木半治陸連理事長に対し、「役員会が国内で集めた情報により判断した結果、大会に参加すべきでない。十分善処されたい」と不出場を求める電報を打った。日本の世論や政府が参加に反対であることも現地に伝わった。この夜の会議では日本選手団の総引き揚げが決まり、翌日正午に津島寿一が発表する段取りとなった。

二六日昼までに、日本選手団では野津団長や各競技代表から大会継続参加の強い要望が出されていた。この日の午後から一二時間にわたって開かれた会議で、引き続き大会に参加することが決まった。二七日午前三時、日本選手団はアジア大会としてではなく、国際親善競技会として参加することを発表した。東京新聞の伊藤修は田畑政治に対して、「日本の団長が、ともに大会に参加しようと、アジア各国に働きかけ、その気運を実らせておいて、肝心の日本選手団が、大会そのものの存在を認めず、投げ出してしまったらどうなるのか。アジア各国の信頼は一挙に吹き飛んでしまうではないか」と再考を促した。田畑は二五日の各国陸上監督会議を知らなかったようで、一時間後にこの声明を撤回、正式競技としての参加を改めて表明した。

国際陸連や日本からの圧力、インドネシア側の不誠実な対応にもかかわらず、現地の選手団が正式参加を決めたのは、「アジア」との連帯感からだったのではないだろうか。「台湾とイスラエルに義理立てて一一カ国の友情を失なう必要ありや」という発言からは、そうした連帯感を読み取ることができる。オリンピックと違い、アジア大会で日本はつねに主役であり頼られる存在だった。そんな日本選手団の役員を朝日新聞は戦前・戦中に日本が唱えた「盟主論」にひっかけて、「南の島へ来て〝盟主論〟を振回す人は意外に多い」と皮肉った。

日本の世論

東京都知事としてアジア大会を視察、一足はやく帰国した東龍太郎は、国内からの圧力にもかかわらず大会に参加したことを次のように弁解した。

相手は独裁国であり、うっかり引き揚げるといって、どんな目にあうかもわからない心配があり引揚げはきめたものの帰ることもできないというような〝勇み足〟にもなりかねない心配もあった。またジャカルタの人たちは大会を待ち望んでいたので、うっかり流れては困るという懸念から、ズルズルと参加してしまった。現地の状況からすればやむをえなかった措置だ。（『毎日新聞』一九六二年八月二九日）

後述するように、ソンディが暴徒に襲われかけたことを考えれば、「どんな目にあうかもわからない」というのは杞憂ではなかった。一方で、東の弁明からは、日本の選手団がジャカルタの人々の期待に応えようとしていたこともわかる。せっかく来たからには試合に出たいという選手や役員の素朴な思いとともに、「アジア」（台湾とイスラエルは除外されている）との連帯意識も確認できる。

日本でこうした「現地の事情」に理解を示した人がいた。日本庭球協会会長を長くつとめた元ベルギー大使の荒川昌二《あらかわしょうじ》である。

アジア・アフリカの国をいくつか回った経験からいっても、これらの国は強烈な政治的要求と特異な宗教を抱え、ハダ合いもそれぞれひどくちがって、たいへんむずかしい国だ。政治、文化などがまだ十分ととのわない国のつねとして、今度のような問題も起りがちだとはいえる。しかし、それだけに、国情をつかむのは容易でなく、日本のスポーツ関係者にしても、インドネシア側の出方を的確に予測できなかったとしても、ある程度やむを得ない面があったと思う。お互いにむずかしい間柄のアジア諸国であればこそ、スポーツを通してそれをやわらげるのが大会のねらいであったはずなのに、こういうことになって、ほんとうに残念だ。日本が陸上競技に参加することに決めたというのは、現地の役員の間でもよほど論議をした上でのことと思われ、せっぱつまった最後の決定だろう。現地の空気を知らない者としては軽率に批判はできない。ともかく、インドネシアがあれだけ大規模な準備をしてかかった大会を、メチャメチャにすることは常識的にできないことだろう。大会の名称や性格はどんなものでも仕方がないから、とにかく競技をやろうと考えるのも一理ある。（『朝日新聞』一九六二年八月二五日）

朝日新聞特派員としてジャカルタで一部始終を目にした宮本義忠は、「「スポーツに国境なし」「スポーツと政治は別」という〝スポーツ神聖論〟の時代」にあって、「事態を正確に把握していた」のが荒川であり、「アジアのことを知りぬいたベテラン外交官ならではの発言」だったとのちに評価している。

しかし、荒川は例外で、日本のメディアはこぞって日本選手団の対応を批判した。朝日新聞は「割切れぬ日本代表団の態度」という記事で「こんどの行動には、本筋からいって、伝統的なスポーツ精神を律する原則に対して、必ずしも忠実であったとはいえないものがあるように思われる。実は、そのような根本精神こそ、東京五輪を主催する当事者には堅持してもらわねばならなかったものなのである」、また毎日新聞は社説「スポーツの原則にかえれ」で「東京大会を危うくする除名覚悟の参加とは、一時の血迷いでなければ、ごまかしで、結局東京大会があるのに除名はできまいとの小ずるい功利主義的計算や、あとは何とかなるという場あたり的便宜主義が彼らを動かしたとみざるをえない。まことに無原則、無節操のきわみである」と、いずれも東京五輪やスポーツの原則という観点から選手団を厳しく批判した。

読売新聞の社説は一歩進んで、スポーツにおける政治の役割をある程度みとめ、スポーツに政治を介入させないためにも、政治介入を防止するための政治介入、すなわち高度の政治的配慮が必要ではないかと論じた。それでもやはり日本選手団は「スポーツの立場からも、政治的にも不手ぎわを演じることになった。韓国はこれに反して北朝鮮また台湾への考慮で出場をやめた。りっぱである」と批判の対象となった。こうした世論によって、津島と田畑は帰国後に東京五輪組織委員会の役職辞任に追い込まれるのである。

ジャカルタの余波

大会終了前日の九月三日、ジャカルタのインド大使館に多数のデモ隊が「インド人帰れ、ソンディ帰れ」と叫びながら乱入した。彼らが掲げたプラカードには「ソンディはスカルノ大統領とインドネシア人民をはずかしめた」と書かれていた。ソンディはインドネシア政府の勧告を受けて急遽ジャカルタを離れた。その晩に開かれたＡＧＦ総会で、ソンディが提出していた大会名称変更の決議案は取り下げられ、問題を調査する特別委員会の設置が決められた。こうして一連の問題に幕が引かれたのである(調査委員会は翌年六月にインドネシアに問題があったことを報告した)。

九月一一日、国際陸連評議員会がベオグラードで開かれ、第四回アジア大会は存在せず国際親善競技会であったと認定したが、参加チームの責任は問わなかった。続いて開かれた国際陸連総会では、インドネシア陸連の資格を六カ月間停止するという評議員会案が採択されず、厳重な戒告処分にするという案が賛成一〇五票、反対七二票で採択された。

図11 ソンディの帰国を求めたデモ隊(第4回アジア競技大会報告書, 231頁)

JOCは、翌々年に開催される東京五輪への影響を恐れ、インドネシアの行為がオリンピック憲章にもとるとして、第四回大会がたんなる国際親善競技会であったことを認めるようAGFに要求することを決めた。この決定はインドネシア人の怒りに火をつけ、日本大使館でデモが行われた。デモ隊はJOCの決定を「アジアの団結を分裂させせようとする帝国主義者の組織的な策動の一部である。第四回大会の成果を無効にしようとする企図はインドネシアの政府、国民に対する非友好的行為である。いまやアジア、アフリカの団結を示すべき時であり、新しい力を反映したアジア・アフリカ競技連盟を直ちに結成すべきである」と批判した。ＡＡ諸国の競技会という発想は、デモの直前にインドネシア議会の外交委員ラティフ・ヘンドラニングラット准将が提案していた。

一九六三年二月七日のＩＯＣ理事会は、インドネシアのオリンピック参加資格を無期限に停止するとの処分を下す。ＮＯＣがＩＯＣから出場停止処分を受けるのはこれが最初のことだった。ＩＯＣは政治的差別にノーを突きつけたわけだが、同じ時期にＮＡＴＯ諸国が行っていた東ドイツの排除に対してはなんら処分を下さず、インドネシアだけが「やり玉に挙げられ」た。こうしたＩＯＣの不公平な態度が、インドネシアをさらにＩＯＣから遠ざけることになった。

ガネフォ構想——対抗と妥協と

一九六三年二月一三日、スカルノ大統領はＩＯＣからの脱退と、新たな国際競技会の設立を発表した。

インドネシアは圧力を受けている。昨年八月ジャカルタのアジア大会は自由、反帝国主義、反植民地主義のもとに開かれたが、インドのソンディ氏の挑戦を受けた。ＩＯＣはインドネシアの謝罪を求めてインドネシアをオリンピック無期出場停止処分にした。彼らはわれわれをなんと思っているのだろうか、われわれは豆腐や綿でできているのではない。私はインドネシアがＩＯＣから脱退することを命令する。（『朝日新聞』一九六三年二月一四日）

スカルノの発言から、インドネシアがアジア大会を開いたのは、反帝国主義、反植民地主義、民族自決の精神のもとに開かれたバンドン会議（ＡＡ会議）の精神に基づいてであり、スカルノが進める非同盟運動の一環だったことがわかる。スカルノは一九六一年に第二回ＡＡ会議の開催を提唱しており、その準備を進めていた。第四回アジア大会の時点では、その年一二月に準備会議を開催する予定だった。そんなインドネシアにとって、アジア大会にアメリカ帝国主義の手先である台湾とイスラエルを招けば、ＡＡ会議の主催者としての資格を疑われかねなかった。しかし、台湾とイスラエルを排除したために、インドネシアは国際スポーツ界で批判され、第四回アジア大会はなかったことにされようとしていた。結局のところ、アジア大会はインドネシアの政治目標を実現するのに適切なプラットフォームではなかったのである。

それゆえ、インドネシアのスポーツ相マラディは、アジア大会が終わって一週間もたたないうちに、「インドネシアは一九六三年に〝アジア、アフリカ、ラテンアメリカ大会〟を開催するかもしれない。この大会は〝新しい勢力〟に属する国のスポーツの祭典になるだろう」と語ったのである。この大会こそ、一九六三年に開かれる新興国競技大会（ガネフォ）だった。

インドネシアが新大会の創設を急いだのは、よく言われるのとは異なり、東京五輪に先んじようとしたからではなく、AA会議に合わせようとしたからであろう。ガネフォとAA会議は、身体と精神の両面で、スカルノが目指した新しい世界を具現化するものだったはずである。

AA諸国への支持拡大を目指していた中国は、ガネフォとAA会議を強く支持した（AA諸国の支持は一九七一年の中国国連加盟に大きな役割を果たすことになる）。陳毅《ちんき》外相は一九六二年八月一七日に「中国は第二回アジア・アフリカ会議の開催に全面的に賛成する」と言明した。九月二六日には中華全国体育総会がインドネシアによる新競技会創設に賛同を表し、一一月には中国の体育代表団がインドネシアを訪問した。翌年四月には劉少奇《りゅうしょうき》国家主席がインドネシアを訪問、スカルノと会談し共同声明を発表した。その声明で中国は、インドネシアの提案した第二回AA会議を支持するとともに、インドネシアのオリンピック参加を禁止したIOCの措置を非難し、スカルノが提案した新興諸国による競技会を支持した。

インドネシアに対するIOCの厳しい措置は、次期オリンピック主催国である日本をも困惑させた。アジアで最初のオリンピックにできるだけ多くのアジア諸国を参加させるというのが日本の希望だったからである。さらには、川島正次郎《かわしましょうじろう》五輪担当相が言うように、「オリンピックが将来自由世界のオリンピックと共産圏のオリンピックとに分裂する可能性がある」という意味でも、インドネシアをIOCに包摂することは重要であった。

一九六三年五月末、スカルノ大統領とマラディ・スポーツ相が相次いで来日、日本側に東京五輪参加の希望を伝えた。ＩＯＣ委員の東龍太郎は「ＩＯＣとインドネシアオリンピック委員会の双方が満足する方法があればよろこんで東京大会に参加する」というスカルノ大統領の意向を、六月五日から開かれたＩＯＣ実行委員会で報告、ソ連のアンドリアノフＩＯＣ委員が仲介役をつとめることになった。

インドネシアは裏表の顔を使い分けながら、ガネフォの開催と東京五輪への参加を準備していた。日本に対しては東京五輪参加への協力を求め、中国に対しては「インドネシアを東京オリンピックに参加させたいと望んでいるのは日本であり、インドネシアではない」と言って憚らなかった。

ガネフォをどのような大会として位置づけるかについては、さまざまな意見があった。一九六三年四月にジャカルタで開かれた第一回準備会議で、スカルノ大統領は「オリンピックは帝国主義者と植民地主義者の道具である。新興国家競技《（ママ）》会は彼らに対抗して開かれなければならない」と述べ、新競技会を明確にオリンピックに対抗するものと位置づけた。ところが、準備会議がまとめた声明は「競技会はオリンピックの理想の精神を基盤とし、すべての新興国のスポーツの振興と国民の身体の鍛錬を目的とする」となっていた。この会議に出席した中国の何振梁によれば、新競技会があまりに先走ってＩＯＣと対立することを恐れたソ連がオリンピックの趣旨を憲章に取り入れるよう要求、中国はこれに反対したが、オリンピックの理想とバンドン会議の精神を並列することには同意したという。この妥協がガネフォの性格を曖昧にしたことは否めない。

一〇月二〇日のIOC総会（バーデンバーデン）は、インドネシアが「オリンピック規定を守る用意がある」と宣言しさえすれば、インドネシアオリンピック委員会をIOCに復帰させるとの決議をした。ガネフォが近く開かれようとするなかで、IOCは大きく譲歩したことになる。問題はインドネシアが譲歩するかどうかだった。

スカルノ大統領がすんなりIOCに対し「憲章を守る」といえるかな。国民大衆の前で「IOCはクサッタ豆腐」とまで演説しているしね。（笑い）国民には「IOC側がインドネシアに謝罪した」くらいいわなければ怒るだろう。とにかくインドネシアが参加できるかどうかはスカルノ大統領ひとりに握られている。（『朝日新聞』一九六三年一〇月二三日）

朝日新聞記者のある座談会での発言だが、まさに問題の核心をついていた。当然ながらスカルノはIOCに譲歩する気などさらさらなかったのである。

ガネフォの開催――スポーツと政治の一致

日本は、インドネシアを東京五輪に参加させることには熱心だったが、ガネフォには冷淡だった。

七月二三日、インドネシアのウバニ公使から日本外務省にガネフォへの参加打診があった。IOCに対抗する意図はなく、IOCとの関係から「junior team」でもかまわないとのことだった。八月一三日にはウバニ公使から正式な招待状が渡される。外務省は「政治とスポーツをはっきり区別すべき」という世論に鑑みて、スポーツ界に判断を委ねるが、水面下ではさまざまな働きかけをしていた。

八月二八日のJOC総会でガネフォ参加問題が取り上げられた。出場という選択肢はなかったが、近く池田《いけだ》勇人《はやと》首相が東南アジア・オセアニア歴訪を予定していることもあり、即座に判断を下すのを回避した。池田首相が出発した翌日の九月四日、日体協理事会はガネフォ不参加を正式に決定した。

インドネシアのスゲン大使は、インドネシア独立戦争に協力した柳川宗成《やながわむねしげ》を介して参加者を募った。日本アジア・アフリカ連帯委員会、日本共産党などの組織も参加に向けて動き出し、頭山立国《とうやまたつくに》(戦前のアジア主義者・頭山満《みつる》の孫)が選手団長に擁立され、九三名から成る選手団が結成された。日本は、公式の選手団を派遣しないことでIOCの顔を立て、非公式の選手団を派遣することでインドネシアの顔を立てたのである。派遣されたのは無名の選手たちで、オリンピックに出られないという心配をする必要はなかった。

ソ連など多くの国も同様の措置をとった。IOCの権威に全面的に挑戦することの困難さをインドネシアは身をもって理解していた。そこで、選手団の質より量を優先したのである。これに対して、ＩＯＣと関係を断絶していた中国は、建国以来最初の大規模な国際競技会となるガネフォに質・量とも最大級の選手団を派遣した。北朝鮮も一流選手を派遣した。一九六三年に第三回東南アジア半島競技大会（東南アジア大会の前身）を開催する予定だったカンボジアは、同大会をキャンセルして、ガネフォに参加した。カンボジアは一九六五年に親米的なこの大会から脱退し、その翌年に第一回アジアガネフォを主催することになる。

図 12　中国と北朝鮮の選手たち．右から二人目が辛金丹（辛については 95 頁参照．中国体育百年図志，360 頁）

　ガネフォは一九六三年一一月一〇日から二二日までジャカルタで開かれ、五一の国・地域から約二七〇〇人の選手、役員が参加した。その多くはアジア、アフリカ、ラテンアメリカ、社会主義国だったが、フランス、オランダのような「帝国主義」諸国からもチームが派遣された。中国の人民日報によれば、参加した国と地域は世界の総人口の七〇％以上を占めていた。不参加国のなかには、インドネシアと対立していた隣国マレーシアが含まれていた。ガネフォのスローガン「Onward! No Retreat」が、インドネシアの反マレーシア政策(コンフロンタシ)のスローガンとなったことは、スポーツと政治の一致を雄弁に語っている。

大会終了後に開かれた評議員会でガネフォの憲章が採択された。その前文にはガネフォの理念が次のように書かれている。

われら新興勢力の人民は、スポーツとは、人間と民族とをつくりあげ、国際間の理解と善意をつくりだす手段として役立つものと考え、あらゆる形態の植民地主義と帝国主義から解放されて、この世界を新しく築きあげることを望み、相互の民族的統一と民族的主権の尊重を保障し、友好を強め、諸民族間の永続的な平和と人類の兄弟関係を目的として協力をつちかうという一九五五年のバンドンにおけるアジア・アフリカ会議の精神に基づく諸民族の共同体の発展を切望しつつ、ここにこれらの諸理想の達成をかちとるために、新しい国際スポーツ運動を発展することに同意した。(川本信正『スポーツの現代史』大修館書店、一九七六年、二四頁)

アジアガネフォの開催——覇権のゆくえ

ガネフォの成功はIOCに脅威を与えた。それは、アフリカでの主導権争いとなって現れることになる。ガネフォにはアフリカから八カ国が参加していた。アフリカ諸国にとって、反植民地主義、反帝国主義、そしてスポーツと政治の不可分というガネフォの主張は、ＩＯＣの唱えるスポーツの非政治主義より受け入れやすいものだった。アラブ連合共和国のアフメド・トゥニーはガネフォの役員であり、かつＩＯＣ委員でもあったが、アフリカ諸国をガネフォに引き入れる工作に従事した。一九六五年七月に予定されていたアフリカ競技大会をめぐって、ＩＯＣは南アフリカの排除を認めるという譲歩までして、大会を公認した。「もしわれわれがオリンピックの世界を団結させようとするなら、われわれはこれらアフリカの三七カ国をガネフォ陣営に引き入れてはならない」――ブランデージの言葉にはＩＯＣ側の強い危機感がにじみ出ている。さしものブランデージも、現実的な要請を前にして、ＩＯＣ憲章の字句に拘泥してはいられなかったのである。ＩＯＣの勝利を確定したのは、アフリカ競技大会の二カ月後にインドネシアで起きた政変であった。

第二回ガネフォは非同盟運動のリーダー国の一つであるアラブ連合共和国の首都カイロで開かれることになった。アラブ連合共和国は中国に競技場建設の援助を求めたが、その金額について合意に達することができなかった。一九六五年四月、バンドン会議十周年記念式典が開催されるのに合わせて、ガネフォ執行委員会が開かれた。このときアラブ連合共和国への援助金についても検討されたが、話はまとまらなかった。アラブ連合共和国側は、中国が第二回ＡＡ

会議開催国のアルジェリアに会議センターを建設したのと同程度の巨額の援助を求めていた。

中国などが推進していた第二回AA会議は六月二九日に開催予定だったが、その直前にアルジェリアでクーデタが起こった。ナーセル大統領、スカルノ大統領、周恩来首相らがカイロで会談し、AA会議の延期を決めた。これに合わせて開かれたガネフォ連合会主席団会議で、アラブ連合共和国が第二回ガネフォを開催できなければ中国が開催するという合意が成立した。

一九六五年九月一一日から二八日まで、北京で第二回全国運動会が開催された。この大会に招待されたアジア、アフリカ、ラテンアメリカ各国のスポーツ関係者が参加してガネフォ理事会が開かれた。これとは別に、二五日にはアジアの関係者が集まってガネフォアジア委員会を組織、パレスチナ、カンボジア、セイロン、中国、インドネシア、北朝鮮、イラク、パキスタン、北ベトナムの各国が執行委員会を構成すること、一九六六年一一月二五日から一二月六日までカンボジアで第一回アジア新興国競技大会(アジアガネフォ)を開催することが決まった。この大会は一二月九日からバンコクで開催される第五回アジア大会の直前に予定され、アジアにおけるスポーツの覇権をアジア大会から奪取することを目指していた。

中国で第二回全国運動会が閉幕した直後の九月三〇日、インドネシアで政変が勃発した。スカルノ大統領が権力の座から追われ、反共親米のスハルトが実権を握った。これによって、中国とインドネシアの蜜月期は終わりを告げ、ガネフォの先行きに不透明感が漂い始める。

一九六六年に相次いで開かれる第一回アジアガネフォと第五回アジア大会。アジアスポーツ界の覇権争いのなかで、第四回アジア大会と第一回ガネフォの開催国であるインドネシアの動向は大きな意味をもっていた。政変後しばらくは、インドネシアのスポーツ政策に変化は見られなかった。マラディ・スポーツ相は、スポーツと政治の不可分を主張し、AGFの非を唱える一方で、アジアガネフォへの参加をいち早く表明した。ところが、一九六六年八月三一日にマリク外相はアジア大会への参加を表明、翌九月一日にスカルノ大統領が国内ガネフォ委員会の解散を命じる。事実上の方針転換である。マラディの後任スカムト・スポーツ相は、ガネフォ委員会を国内スポーツ委員会に移管したにすぎず、アジアガネフォ参加の方針は変わらないと弁明したが、ガネフォの位置づけが低下したことは明らかだった。インドネシアはアジア大会により優秀な選手を派遣した。

第五回アジア大会の参加国は一八カ国(約二〇〇〇人)、AGF加盟国で参加しなかったのはカンボジアだけだった。一方、アジアガネフォには、一七カ国から約二〇〇〇人が参加した。*中国、北朝鮮、*カンボジア、モンゴル、イラク、*ラオス、レバノン、*パレスチナ、シリア、*北ベトナム、*イエメンはアジアガネフォのみの参加で(*はIOC未加盟)、残る日本、インドネシア、セイロン、シンガポール、ネパール、パキスタンはアジア大会にも参加した。規模の点では互角だが、レベルは明らかにアジア大会が上回った。

日体協にはアジアガネフォに積極的に参加すべきだという意見があった。「アジアのスポーツ界の特殊性を考えて、日本の体協も参加を認めていいのではないか。少なくともIFから、処罰をくだされる心配のない加盟団体の選手だけでも黙認し、その諾否は、競技団体にまかせるべきだ」「アジアのスポーツ界を統一させるためにも、日本が参加……アジア大会と合流させるように持って行くべきだ」。第四回アジア大会、第一回ガネフォのさい、日本のスポーツ界はスポーツの政治化に拒否反応を示すだけだったが、今回、より柔軟に対応すべきとの意見が出たことは注目される。それだけガネフォの影響力が大きかったのである。

日本のメディアも、第一回ガネフォに比べてアジアガネフォを大きく取り上げた。これには別の理由もあった。プノンペンとバンコクでアジアガネフォとアジア大会が相次いで開かれるため、日本のメディアは特派員にこの両大会を取材させたからである。

アジアガネフォは政治色の濃い大会だった。読売新聞の記者によれば、「ガネフォはスポーツ大会の形を借りた一大政治デモ」であった。とりわけ開会式では、アメリカ軍による北爆を契機に始まったベトナム戦争を背景に、北ベトナムへの支援とアメリカへの批判が前面に押し出された。IOCへの対抗意識も明らかだった。ロン・ノル首相は開会の辞で、IOCが一部の国にとった制裁手段は、帝国主義者が我々の第一回アジアガネフォを開催するために払った努力を破壊しようと試みていることをはっきり示している、と語った。

アジアガネフォ参加国は大会中に共同コミュニケを発表、「帝国主義、植民地主義およびアメリカをはじめとする各国のネオ植民地主義を激しく非難するとともに、今後のガネフォの発展を申合わせ」た。中国と北ベトナムが共同コミュニケにアメリカ帝国主義という言葉を入れることを強く主張し、他の国は反対したという。結局この言葉が入れられたことから、中国の影響力の大きさがうかがえる。

閉幕後にガネフォ執行委員会が開かれ、アラブ連合共和国から資金不足のため、第二回ガネフォを開催できないとの報告があり、カイロに代わって北京で第二回ガネフォが開かれることになった。しかし、すでに中国では文化大革命が始まっており、第二回ガネフォも開かれることはなかった。

ガネフォの意義

政治とスポーツの不可分を前面に押し出したガネフォは、スポーツの非政治主義を掲げるオリンピックへの対抗運動だった。欧米への対抗、アジアの解放を目指す点で、それは戦時中の大東亜共栄圏構想にも似ていた。実際、欧米ではバンドン会議を「第二の大東亜会議」と見なす向きすらあり、そのバンドン会議の精神を掲げるガネフォは、戦前の東亜大会の系譜に連なるものだったと見ることもできる。一方でガネフォはオリンピックとの妥協を図ったため、理念と実践にずれが生じることになった。この妥協は、参加国数の拡大という効果をもたらしたものの、理念の共有を妨げ運動を弱体化させる要因にもなった。

国際関係の変化もガネフォに大きく影響した。中ソ対立はガネフォの団結に大きな制約をかけた。反共化したインドネシアはガネフォへの熱意を失った。アジアガネフォが打ち出した強烈な反米志向は、その数少ない構成国のなかでも広く共有されたとはいえない。一九七二年に中国とアメリカが接近するに至って、それはまったくの茶番となった。もっとも、そのときガネフォはすでに過去の遺物となっていた。とはいえ、日本を含む国際スポーツ界に第三世界の声を気づかせたのは、ガネフォの大きな成果だった。

一九七〇年代に国際スポーツ界に復帰した中国は、卓球界ではアジア・アフリカ・ラテンアメリカ大会を開いたり、国際スポーツ界でのIOCの覇権に挑戦したユネスコに協力したりするが、基本的には国際スポーツ界への包摂を目指す。次章で述べるように、一九七九年に中国はIOCに復帰、その前後には西アジア、東南アジア、アフリカの一二カ国がIOCに加盟し、IOCは地球のほとんどの国と地域をカバーすることになる。それは、第三世界のスポーツの政治化の原動力となった独立運動が落ち着いたことの反映でもあった。こうして、一九八〇年代以降はオリンピックの対抗運動が広がる余地がきわめて小さくなった。ガネフォは最後の大規模な反オリンピック運動だった。

その後、スポーツと政治を積極的に結びつける主張が広範囲に支持されることはなかった。ただこれはスポーツの世界が政治から独立したことを意味するのではない。オリンピックそのものが政治的な戦い、あるいは政治との戦いの主戦場となっていくのである。

5　北朝鮮の排除と包摂

韓国と北朝鮮の問題は、二つの公認NOCが「中国」の代表権をめぐって争った「二つの中国」問題とやや位相を異にした。本章の最後に、北朝鮮に焦点をあわせて問題の展開を見ていこう。

オリンピック参加への道

朝鮮半島ではソウルの朝鮮オリンピック委員会(KOC、のち大韓オリンピック委員会)がIOCに公認され、北朝鮮にはIOC公認のNOCが存在しなかった。そのため、一九五二年に北朝鮮はヘルシンキ五輪への単独参加を希望したものの、NOCがないとの理由で拒否されたことは先に述べた。

一九五〇年代後半、北朝鮮は国際スポーツ界への参入を拡大する。一九五六年二月に国際バレーボール連盟に加盟、八月にパリで開かれた世界選手権に参加したのを手始めに、一九五八年までに射撃、バスケットボール、卓球、ボクシング、スケート、ハンドボール、サッカー、体操、レスリングのIFに加盟を果たすが、実質的な交流は共産主義陣営内にとどまった。

一方、IOCへの加盟は困難をきわめた。オリンピック憲章は一国・一地域に一つのNOCしか認めていない。そのため、中国やドイツのような分断国家に対しては、統一チームを結成するよう勧告していた。一九五七年九月のIOC総会(ソフィア)で北朝鮮の加盟問題が話し合われる。IOCは北朝鮮オリンピック委員会の北朝鮮内での活動を認めたが、対外事業は大韓オリンピック委員会の所管とし、韓国との統一チーム結成を勧告した。この時点で北朝鮮の選手がオリンピックに参加するには、統一チームを結成するしかなかった。

一九五八年一二月、北朝鮮オリンピック委員会は一九六〇年のローマ五輪に参加するため、南北統一チーム結成を協議したいとKOCに申し入れた。翌年五月のIOC総会(ミュンヘン)で統一チーム問題が話し合われることになったが、北朝鮮代表は西ドイツに入国できなかった。IOCは香港での会談を提案したが、韓国側は「札つきの国際犯罪人を神聖なスポーツマンの殿堂に入れることを許可するも同然」と断固として反対した。統一チーム結成にメリットを感じない韓国は非協調的な態度をとり続けた。北朝鮮は日本に協力を求めるが、日本も火中の栗を拾うようなまねはしなかった。

一九六二年六月、IOC総会(モスクワ)は、韓国に対して、北朝鮮との統一チーム結成を勧告、九月一日までに回答するよう求めた。ＫＯＣがこれを受け入れない場合は、北朝鮮が単独で参加することになるとして、北朝鮮のＩＯＣ仮加盟を承認した。韓国側の非協調的な態度にＩＯＣが業を煮やした形である。八月一四日になって、韓国は統一チームの結成に同意するとの書簡をＩＯＣに送った。ＩＯＣのマイヤー事務局長は「この協定成立はオリンピックが政治に優先するということへの新たな成功である」とその成果を誇った。しかし、ＩＯＣが喜ぶのはまだ早かった。韓国は北朝鮮側からの協議の申し出をことごとく無視した。一二月になってマイヤー事務局長も「これ以上調停の努力をしても時間のむだである」とさじを投げかけた。

一九六三年一月二四日、ローザンヌで韓国と北朝鮮両代表による協議が行われ、原則的な意見の一致をみたが、その翌日、韓国代表は一方的に引き揚げてしまった。ネックとなったのは国旗の問題だった。韓国は韓国国旗（太極旗《たいきょくき》）の使用を主張した。韓国国旗は過去のオリンピックでも使われ、世界的に広く知られ、南北分裂前から使われていた、というのがその根拠だった。統一チームに一方の国旗を使うことを相手が受け入れるはずがない。ＩＯＣは五輪マークの下に「KOREA」と記したデザインを提案していた。

二月二〇日から軽井沢で開かれたスピードスケートの世界選手権大会は、国旗と国歌を使用しないという異例の大会だった。この大会は韓国と北朝鮮が参加するということで大いに注目されたが、二月一二日に韓国政府が突然参加取り消しを発表した。すでに長野入りしていた韓国選手団は「寝耳に水」だった。その後、韓国側の態度は二転三転したが、一八日に「北朝鮮が出場する以上韓国はこの大会に参加することはできない」と正式に不参加を声明した。一方、北朝鮮は名称を「朝鮮民主主義人民共和国」に変更するよう求めた。国際スケート連盟のラフトマン副会長は政治的な問題には即答できないと断った。IOCは北朝鮮を国ではなく地域を代表するNOCとみなしていたが、北朝鮮はそのことに満足していなかったのである。

四月、KOCの李相佰副会長がローザンヌでIOC側と会談、IOCが提案した旗を受け入れることに同意した。これを受けて、五月一七日から香港で南北間の直接会談が始まるが、双方の主張の隔たりを埋めるには至らなかった。七月二六日から香港でふたたび南北間の会談が開かれるが、韓国側は北朝鮮側が前回の会談後に歪曲宣伝をしたとして謝罪を要求、これを拒否されると、会談を取り止めた。八月、ブランデージ会長はローザンヌに両国代表を招集するが、韓国代表はIOC関係者と話し合ったあと、北朝鮮代表に会うことなく帰国してしまった。ブランデージは韓国側に、統一チーム結成の用意があるかどうかを八月末までに報告すること、報告がなければ北朝鮮の単独参加を認めることを通告した。八月末になって韓国はIOCに「統一問題でこれ以上討議したくない」と伝えた。こうして南北統一チームはついに破談となり、一〇月のIOC総会（バーデンバーデン）で北朝鮮の単独参加が承認された。

東京五輪のボイコット

一九六四年一月、北朝鮮はインスブルック冬季五輪に参加した。夏冬を通じて初のオリンピック参加だった。ところが一〇月の東京五輪を前に、北朝鮮の参加資格問題が浮上した。前年一一月に開催されたガネフォにさいして、国際陸連や国際水連は出場選手のオリンピック参加を認めないと大会前から警告していたにもかかわらず、北朝鮮はガネフォに主力選手を送ったことが問題となったのである。女子四〇〇メートル走で優勝した辛金丹《シングムタン》もガネフォに参加した主力選手の一人である。辛金丹はオリンピックでも金メダルを期待されていたが、国際陸連が処分を取り消さない限り、オリンピックに出場することができなかった。北朝鮮は何度も処分の取り消しを求めたが、国際陸連は頑として聞き入れなかった。

開催国日本としても放置できない問題だった。日本陸連の青木半治理事長は「この問題はIFの問題である。だからといって日本が安閑としていてよいものではない。開催国であり、アジアの中の日本という立場と世界の中の日本といった立場をあれこれ総合した上で、日本陸連のハラを決めたいと思っている」と語った。その後、北朝鮮は処分が取り消されなければボイコットするとまで言い出した。アジア最初のオリンピックにアジアの隣国が参加しないとなっては、日本の面目は丸つぶれである。日本陸連は「在日の北朝鮮《（ママ）》、インドネシア人の不満をなだめるためにも、最後の誠意を示す」ため、浅野均一をロンドン（国際陸連の所在地）に派遣した。

ガネフォのときもそうだったのだが、浅野は国際陸連の立場をとる人間で、今回の渡英に当たっても、北朝鮮の東京大会出場禁止解除の要請に行くのではないと頗る消極的だった。そんな浅野を選んだ時点で、日本の「誠意」がどれほどのものだったかが知れよう。国際スポーツ界に対抗してまでアジアの連帯を擁護するつもりはなかったのである。

日本の組織委員会はガネフォ出場選手を派遣しないよう北朝鮮に呼びかけたが、北朝鮮側が提出してきた選手名簿には、辛金丹らガネフォ出場選手が含まれていた。

一〇月三日、IOCと各NOCの合同会議が開かれた。ソ連のアレクセイ・ロマノフ委員がガネフォ参加選手の制裁解除を訴えた。インドのソンディは、一九六二年のアジア大会で台湾とイスラエルが参加できなかったことを問題にせず、今回北朝鮮とインドネシアを問題にするのはおかしいと反対、ブランデージはIFの決定を尊重すると語った。

一〇月五日、北朝鮮選手団が来日する。七日に国際水連、八日に国際陸連が処分を解除しないと発表すると（浅野は処分解除を否決する票を投じている）、北朝鮮の金鍾恒《キムジョンハン》団長は総引き揚げを通告、ついでインドネシアのマラディ・スポーツ相も引き揚げを発表する。中国は北朝鮮とインドネシアのボイコットを支持するとの声明を発表した。

ボイコットに至る過程では、ルール至上主義を掲げるIFの強硬な姿勢が目立った。IFを牛耳っていたのは、ガネフォが矛先を突きつけた欧米人であった。彼らは、「ルールを守る」

という理由で政治的なスポーツ競技会に反対したが、そのような行為はまさしく政治的なものであった。もちろん、北朝鮮とインドネシアには、ガネフォに参加しなかった選手だけを参加させるという選択肢はあった。実際、ブランデージは「ルールを破った数人の選手のために百七十人余の選手が犠牲になることはない」と北朝鮮側に勧告していた。北朝鮮とインドネシアがボイコットを発表した日、IOC総会は「政治の排除」を確認した。

図13　涙で帰国する北朝鮮選手団(毎日フォトバンク)

朝日新聞はボイコットについて次のように評した。

根本的には、これまでの先進諸国を中心としていたスポーツ地図が、新興国家群の登場で変化を強いられるという過渡期のあつれきであり、スポーツ界をいやおうなくゆさぶる政治の問題でもあるようだ。(『朝日新聞』一九六四年一〇月九日)

ガネフォが世界に示したのは、スポーツと政治が不可分であるという事実である。オリンピックとてそれから逃れることはできないのである。

正式名称を勝ち取るまで

北朝鮮は、東京五輪に「北朝鮮」の名で参加するはずだった。しかしその後、北朝鮮は正式な国名しか許容しない方針に転換した。その最初の事例の一つが一九六七年一月の世界女子バレーボール選手権大会(東京)である。

この大会は、東ドイツや北朝鮮などとのトラブルを念頭に、表彰式で国旗、国歌を使わない方針だった。ところが北朝鮮は国旗と国歌の不使用にも反対した。政治とスポーツは不可分と考える北朝鮮にとって、国旗と国歌は大会参加の意義にも関わる重大問題であった。日本側は、国旗と国歌の不使用はIFが決めたことであり、また国名は東京五輪に準じたもので変更できないとの立場だった。しかし、北朝鮮にはIFやIOCの権威は通用しなかった。一九六六年一二月二三日、北朝鮮は正式な国名が使えない場合、参加を拒否する、と強く抗議した。翌一九六七年一月二日、ポーランドが国旗、国歌、国名に関して国際バレーボール連盟に抗議、一一日にチェコスロバキアが不参加を表明すると、北朝鮮、中国、ハンガリー、ポーランド、東ドイツ、ソ連が相次いで不参加を表明し、世界選手権は日本、韓国、アメリカ、ペルーの四カ国だけで挙行された。

一九六七年八月のユニバーシアード(東京)も国名でもめた。同年三月、組織委員会は「北朝鮮」の名称を用いると発表した。日本政府は朝鮮民主主義人民共和国を承認しておらず、その

KOREA가 KUSB로
유니버시아드 國體名使用결정 波紋
外交的大失敗
北傀도 버젓이「朝鮮大學體協」
參加는하되 是正要求를
團體名으로 參加해야하나

図 14　韓国では，「北傀〔北朝鮮という傀儡集団〕」が堂々と「朝鮮大学体協」を名乗ることになったとして，「外交的大失敗」だと報じられた（朝鮮日報 1967 年 7 月 20 日）

「国」名での入国は許可されないこと（北朝鮮は「地域」名）、国際大学スポーツ連盟はオリンピック方式の国名を採用していること、がその理由であった。北朝鮮は、「国交関係がないとの理由で、よその国の国名を勝手にでっちあげても構わないという権利をだれが日本に与えたのか。日本の策動を絶対に許せない」と強い調子で日本を非難した。

七月一七、一八日の国際大学スポーツ連盟実行委員会は、各国の学生スポーツ団体の略称を用いることを決定、北朝鮮はＫＳＳＡ（朝鮮大学生体育協会）となった。しかしこれは、学生スポーツ団体の正式名称「朝鮮民主主義人民共和国大学生体育協会」の略称（ＳＳＤＰＲＫ）ではない。一方、南朝鮮（韓国）はその協会の略称（ＫＵＳＢ）を用いることが許されている。これは不当だ、と北朝鮮は訴えて大会をボイコット、ソ連と東欧の計七カ国が同調した。ボイコットに揺れたユニバーシアードを川本信正は「スポーツと政治の谷間に咲いた花」と評した。

一九六八年二月のIOC総会(グルノーブル)で、北朝鮮の名称を「北朝鮮」とするか「朝鮮民主主義人民共和国」とするかで投票が行われた。結果は三一票対二一票(棄権二票)で「北朝鮮」に決まった。北朝鮮代表はグルノーブル冬季五輪のボイコットを宣言したが、今回は共産圏諸国は同調しなかった。朝日新聞は、「IOCの歴史が古く、機構がしっかりしており、その各国におけるウエートが大きい」のが原因ではないかと推測している。この総会で南アフリカ共和国のメキシコシティ五輪参加が認められたことと、朝鮮民主主義人民共和国の名称が認められなかったことに抗議し、北朝鮮は翌月にメキシコシティ五輪にも参加しないことを宣言した。

一九六八年一〇月八日、メキシコシティ五輪を目前にして、北朝鮮問題が劇的な解決をみる。北朝鮮が、メキシコシティ大会は「北朝鮮」で出場し、次回大会から「朝鮮民主主義人民共和国」で出場することに同意したのである。同地でのIOC総会で韓国と北朝鮮の代表が怒鳴り合い、会場が騒然となったところで、ブランデージ会長が出した仲裁案だった。北朝鮮が仲裁に応じたのは、ガネフォが有名無実化し、グルノーブル冬季五輪でボイコットに同調する国が現れず、国際スポーツ界で孤立を深めていたことが背景にあると推測された。それでも、次回から正式国名を使うことを韓国委員の前で決めさせたことは、北朝鮮にとって「勝利」であった。

だれもが一件落着と思ったが、その四日後に北朝鮮はボイコットを宣言した。

ＩＯＣの決定はＩＯＣの反動的な支配層が米帝国主義者と共謀してオリンピックの理念と憲章の精神を乱暴にふみにじりわが国選手団の名称を自分勝手にでっちあげたこれまでの諸決定をさらにわるがしこく粉飾して持出したものでオリンピックの歴史にかつて例のない恥ずべき陰謀である。わが国の正当な要求の受入れを拒む限り、メキシコのオリンピック大会には絶対に参加しないであろう。（『朝日新聞』一九六八年一〇月一三日）

韓国の体育学者で北朝鮮との交渉経験をもつ李学来《イハンネ》によれば、北朝鮮は国際大会での韓国との対決を非常に重視し、勝算のある大会や種目に限って参加してきたという。スポーツジャーナリスト大島裕史が挙げる韓国人記者の言葉、「辛金丹もベテランだったし、出てもうまくいかないので、呼称を口実にしたと思います。結局、自信があれば出て、なければ口実を付けて出ないということです。そういう特性があるのです」は、メキシコシティ五輪での北朝鮮の不可解な行動をうまく説明している。

メキシコシティでのＩＯＣ総会では、「台湾」を「中華民国」に、「東ドイツ」を「ドイツ民主共和国」に、それぞれ名称を変更することが認められた(グルノーブル冬季五輪で東西ドイツ統一チームは解消された)。北朝鮮の名称変更は、その国が求める名称を採用するというIOCの新しい方針の一環だったわけである。

北朝鮮がオリンピックをボイコットしたために、名称変更の問題は曖昧なまま残されることになった。一九六九年六月のIOC総会(ワルシャワ)は、北朝鮮の名称問題をめぐる激しい議論が予想された。韓国IOC委員張基栄《チャンギヨン》は「大論争になろうが、正義が勝つ」と強い意気込みで臨んだ。ところが、「朝鮮民主主義人民共和国」への名称変更は賛成二八票、反対一五票、棄権二票であっけなく決まった。こうして、国際スポーツ界が北朝鮮を包摂する準備は整った。残るは中国である。国際スポーツ界にとって、文化大革命で外界から完全に孤立してしまった中国の包摂は、一九七〇年代の大きな課題となる。

第 2 章

中国の包摂

——1970 年代

第 7 回アジア大会開会式の中国選手団
(https://www.icswb.com/h/163/20180818/554400.html)

1　卓球とアジア——もう一つのピンポン外交

卓球界の日中争覇

ガネフォとは、アジア大会やオリンピックを頂点とするアジアと世界の既存のスポーツ界に対する挑戦であった。それは結局失敗に終わるが、それが提起した問題、すなわちスポーツが政治と密接に関係しているという事実を無視し続けることは困難になりつつあった。ＩＯＣは、ブランデージ会長時代の教条的なスポーツの非政治主義を放棄し、政治との関係により柔軟な姿勢を見せるようになる。一九七九年の中国のＩＯＣ復帰は、このような政治とスポーツの関係の変化によってもたらされた。その突破口となったのが卓球であった。

一九五八年以降、中国はＩＯＣやＩＦと関係を断絶するが、台湾が加盟していない卓球、バレーボール、スケートの各ＩＦとは関係を保持していた。このうち卓球は、国際卓球連盟に中国が加盟し、アジア卓球連盟に台湾が加盟するというねじれた状態にあった。

一九五二年二月の世界卓球選手権大会(ボンベイ)はスケートについで戦後日本が二番目に参加した世界選手権だった。日本は男子シングルス、ダブルス、女子団体、ダブルスで優勝し、鮮烈な国際デビューを飾った。国際卓球連盟のアイヴァー・モンタギュー会長（共産主義者であった）はこの大会に中国を参加させようとしたが、中国からの返事はなかった。同年の秋、モンタギュー会長は中国を訪問し、翌年三月に中国は国際卓球連盟に加盟する。

　このボンベイ大会では、アジアの参加国の関係者が集まり、新たにアジア卓球連盟を結成、第一回アジア選手権大会を一九五二年一一月にシンガポールで開くことになった。その一カ月前に中国はアジア卓球連盟の会員となるが、シンガポール政府が中国選手の入国を拒否したために、大会参加はならなかった。さらに、一九五三年九月に東京で開かれた第二回アジア選手権に台湾が参加したことから、中国はアジア卓球連盟を脱退した。

　一九五三年の世界選手権（ブカレスト）は、日本政府が渡航許可を出さなかったため、日本選手は参加できなかった。翌年、ロンドン近郊のウェンブリーで開かれた世界選手権で、荻村《おぎむら》伊《い》智《ち》朗《ろう》は日本人として二度目のシングルス優勝を果たす。このとき、荻村はイギリス人が日本人に対してなお強い憎しみを持っていることを感じたという。観客だけでなく審判も敵であった。もし一九四八年のロンドン五輪に日本が出場していたら、大変なことになっていただろう。この大会を皮切りに、日本勢は男子シングルスの四連覇を成し遂げることになる。

　一九五六年の東京大会で初めて世界選手権に参加した中国は、一九五七年のストックホルム大会で男女とも団体で三位に入賞、一九五九年のドルトムント大会でついに容国団《ようこくだん》が男子シングルスで優勝を飾り、日本勢の五連覇を食い止めた。このとき、次回世界選手権の開催地が北京に決まった。事前にモンタギューから意見を聞かれた長谷川喜代太郎《はせがわきよたろう》監督は、ブカレスト大会を念頭に、「もし北京に決った場合、日本、韓国、アメリカ、(南)ベトナムなど政治的な関係で行けないかも知れない」と答えている。

迎えた一九六一年の北京大会、アメリカは国務省の許可がおりず出場できなかったが、日本の出場は問題なかった。日本は男子ダブルス、女子団体、ミックスで優勝したが、中国は男子団体で優勝、個人ではシングルスで男女とも中国選手が優勝した。男子シングルスでは準決勝に残った四人の選手がすべて中国選手であった。以降、文化大革命で不参加となる一九六七年まで、男子卓球界では中国の覇権が続いた(女子は日本が連覇していた)。

顕在化する対立

世界の場で日中が卓球の覇権を争っていたとき、アジアでは中国と台湾をめぐる駆け引きが繰り広げられていた。アジア卓連では、韓国やフィリピンが中心となり台湾の国際卓連加盟が目指され、後押しを受けた台湾の卓球協会は、一九六三年三月に国際卓連に加盟の申請をする(一九五七年に続いて二回目)。しかし、国際卓連は「中華民国」の名称での加盟は許さなかった。翌月の世界選手権大会中、アジア卓連内部で中国が排除されていることに対抗すべく、北朝鮮、中国、北ベトナム、インドネシア、ニュージーランド、インド、日本、シンガポールによる新しい卓球連盟の設立が計画された。日本の城戸尚夫《きどひさお》団長がアジア卓連の分裂に反対したため、新組織の設立はならなかったが、中国問題をめぐってアジア卓球界に深刻な対立があることを浮き彫りにした出来事だった。

一九六四年九月、ソウルでアジア卓球選手権が開かれた。国際卓連は、国際卓連非加盟国である台湾の参加に反対したが、台湾は「今度の大会は、アジアでの試合であり、我々が出場できない理由はない」と参加を強行した。アジア卓連総会は台湾に国際卓連への加盟申請を要求した。

一九六七年、愛知工業大学学長で日本卓連副会長の後藤鉀二《ごとうこうじ》がアジア卓連会長に選出された。翌年三月、後藤は会長就任披露をかねて、アジア卓連の主要メンバーを自費で名古屋に招待した。このとき台湾の国際卓連加盟が話題にあがった。中国の新華社通信は「アジア卓球連盟は米帝国主義とその手先・佐藤政府にそそのかされ……国際スポーツ界に〝二つの中国〟をつくり出す陰謀を進めている」と後藤会長を強く非難した。

台湾除名をめぐる戦い

一九七〇年四月、名古屋でアジア卓球選手権大会が開かれた。このとき、日本卓協はアジア卓連加盟国である台湾を招待した（台湾は前回、前々回の大会に招待されていなかった）。これに対して、国際卓連のロイ・エヴァンズ会長は「台湾問題を善処してほしい」と日本卓協に要望した。これが直接の契機かどうかは不明だが、五月に後藤は、翌年四月に名古屋で開催予定の世界選手権に、一九六六年以来国際スポーツ界から遠ざかっている中国を参加させることを決めた。この方針は六月の日本卓協常任理事会で承認される。ネパールで開かれる国際卓球大会に中国が参加するとの情報が入ったのはちょうどそのころで、後藤は「中国、北朝鮮が、両国以外の国へ出て競技するとは思わなかった。それだけに、これを機に来年の世界選手権へも参加を働きかける」と俄然乗り気になった。

　六月、ネパールの国際卓球大会に参加したのは日本、中国、ネパールの三カ国だった。久々に姿を見せた中国は日本を圧倒した。日本選手団長の笠井《かさい》賢二《けんじ》（愛知工大出身）が中国の趙希武《ちょうきぶ》団長に名古屋大会への参加を呼びかけたところ、趙は「日本を訪れ、選手権に参加したい。しかし参加するかどうかは帰国したのちわれわれの政府が決めることだ」と即答を避けた。それでも、中国が参加する可能性は大いにあると日本側では期待が高まった。

　一方、後藤は中国からの圧力に悩んでいた。六月に北京在住の西園寺《さいおんじ》公一《きんかず》が日中文化交流協会に宛てた書簡には、「日本卓球協会は先頭に立って、台湾の国際卓球連盟への加盟を促進しようとしている。この態度は、名古屋大会への中国の参加を促進するどころか、阻止するものだ。中国の参加を望むなら、後藤日卓協会長（アジア卓連会長も兼務）はもっと筋を通すべきだ」という文言があった。その後、一二年ぶりに帰国した西園寺は、朝日新聞のインタビューで、どうしたら中国は世界選手権に参加してくれるかと聞かれ、次のように答えている。

まず中国の政治三原則（中国敵視政策をやめる、二つの中国をつくる陰謀に加わらない、日中両国の国交正常化を妨げない）を理解することだ。この原則すら知らないで、中国への呼びかけをしてもだめだ。つまり中国はすべて政治優先ということだ。経済、文化、スポーツなどあらゆる面での交流は政治を離れては考えられない。その考えの上に立てば、具体的には、台湾と同席しないことだ。だから（アジア卓連会長の後藤が国際卓連への）台湾加盟を促進したことは間違っていた。日本は自分たちが誤っていたということを表明すべきだ。そうすれば話合い（中国参加）の糸口はできると思う。（『朝日新聞』一九七〇年九月三日）

続けて、どんな形で誤っていたことを表明すればよいかと聞かれた西園寺は、「努力するという姿勢をみせることだ」と答えている。後藤は西園寺のアドバイス通りに事を進めた。

九月二五日、後藤は中国を参加させるため、アジア卓連から台湾を追放することを発表した。国際卓連は再三にわたり、「国際卓連に加盟していない国は、地域連盟の会員にはなれない」という規約を順守するようアジア卓連に要請しており、後藤はこの要請に応えることで、中国に誠意を見せようとしたのである。

一二月五、六日の国際卓連実行委員会は台湾除外を再確認し、日本卓連にその旨を勧告した。三月、六月に続いてその年三度目の勧告だった。アジア卓連のタン・タクワ(鄧徳華)名誉専務理事は、国際卓連に反論するのが筋だとして後藤に反対した。タンによれば、「国際卓連に加盟していない国は、地域連盟の会員にはなれない」という規約は一九六八年にできたもので、台湾はそれよりずっと前からアジア卓連の会員だったからである。

一二月三〇日、世界選手権に国庫補助金一〇〇〇万円が給付されることが決定した。その晩、後藤は西園寺の仲立ちで、中国に直接参加を働きかけることを表明した。「中国の参加しない世界選手権は意味がない。近年、技術の向上の著しい欧州と、かつて世界一だった中国と、現在の世界チャンピオンの日本とが争う、100パーセント内容の充実した世界選手権を開きたい」——これが後藤の希望だった。そのために、政治三原則を受け入れ、アジア卓連から台湾を除外することを確認した。

一九七一年一月一五日に中国から招待状を受け取った後藤は、すぐさま北京入りした。後藤一行は、二九日に周恩来首相らと会見、二月一日に中国側スポーツ関係者との会談に臨んだ。冒頭から中国側は「台湾を除外する」という文言を入れよ、などと厳しい注文を出してきた。後藤は「これは政治経済の交流とは違う。スポーツの交流だから、スポーツマンシップとフェアプレーに基づいて話し合いたい」と主張、政治とスポーツを分離するという日本側の事情に中国側は理解を示した。最終的に日中両代表は、中国の世界選手権参加と日中卓球交流を取り決めた会談要録に調印した。その第一、二条は次の通りである。

一、日本卓球協会は国際卓連憲章を順守して、国際卓球活動の発展を図る。特にアジア卓連を国際卓連憲章に従って整とんする。

二、日本卓球協会は中国関係政治三原則に基づいて、中日両国卓球界の友好交流を発展させる。中国卓球協会はこれに対し、称賛と支持の意を表明した。

図15　訪中し周恩来首相と握手する後藤鉀二(学校法人名古屋電気学園提供)

「整とん」とは、アジア卓連から台湾を除名することを意味する。日本側が台湾の除名に尽力し政治三原則を受け入れるのと引き替えに、中国側は世界選手権に参加し、日中卓球交流を進めるというのが会談要録の骨子であった。

日本では中国の参加を評価する声が多かった。親台湾派の石井《いしい》光次《みつじ》郎《ろう》が会長をつとめる日体協でも、田畑政治、河野謙三、山口久太、竹腰重丸ら親中国派の理事がいて、この動きを歓迎した。一方で、スポーツに政治が介入したことを快く思わない人もいた。ＪＯＣの大島鎌吉は「台湾除名は火中のクリを拾うような行為。中国を世界大会に参加させるため、アジアを分裂させる結果になろう。それより、台湾をＩＦに加盟させる努力を日本がすべき」と考えていた。文部省体育局の木田宏《きだひろし》局長も「スポーツを日中間の政治問題と関係づけている印象を与えているのはどうか」と苦り切っていた。自民党議員からは、スポーツが政治に介入したという批判まで出た。しかし、中国と付き合おうとするなら、政治を避けることはできない。スポーツ評論家の川本信正が「中国は政治優先。日本がスポーツと政治を切り離してスポーツに国境はないと甘い観念的な理想論を振りかざすだけでは、どうにもならないことを、まず知るべきだ」という通りである。

「極度の政治アレルギー」をもつ日本のスポーツ界が、これまで政治から超越した気でいられたのは、難しい判断をＩＯＣやＩＦに委ねてきたからである。あるいは、「火中のクリ」を拾うことを回避してきたからである。「スポーツに国境があり、政治が深く絡んでいるのが、世界の現状」であり、今回日卓協が「あえて一つの選択を行い、一つの決断に踏み切った」ことは高く評価されるべきである、と朝日新聞は評した。この決断は、日中友好、日中交流の拡大という潮流の反映でもあったし、中国の国際的プレゼンスの高まりの反映でもあった（この年一〇月に中国は国連加盟を果たす）。

二月三日、後藤は北京からシンガポールに向かった。後藤会長が台湾除名の是非を問うために招集したアジア卓連の臨時総会は七日に開かれた。参加国は日本、台湾など一二カ国である。後藤会長の挨拶のあと、マレーシア代表が「日本卓球協会が認めた中国の政治三原則と日本の関係を説明せよ」と後藤を追及した。後藤は「この総会はITTF〔国際卓連〕の台湾除名に関する勧告をのむかどうかを決めるもので、中国の政治三原則の説明会ではない」と説明を拒否したが、韓国や台湾の代表がマレーシアを支持し、後藤批判が延々と続いた。後藤はのちに「私の発言には非難が浴びせられ、台湾代表の発言には拍手がわくありさまで、終始〝被告〟扱い。六十五年間の私の人生で、こんなにひどい目にあったのは、初めてだ」と振り返る。マレーシア代表が「会長の説明を聞かない限り、本題には入れない。また、説明のできないような会長は、辞任すべきだ」と発言したあと、後藤はあらかじめ用意していた辞表を提出、退席した。

後藤の退席後、韓国代表が台湾の国際卓連加盟を要請するとの提案を提出、日本が反対、シンガポールが棄権したが、残る一〇カ国の賛成で可決された。結局総会は国際卓連から出されていた台湾除名要求の是非を問うことを避け、台湾の国際卓連加盟申請に問題をすり替えた。皮肉にも一連の過程で、親台湾派は日本と中国がスポーツに政治を持ち込んだと批判し、後藤は「ストップ・後藤」を合言葉に結束した親台湾派を政治的だと批判したのである。

分断国家の軋轢——世界卓球選手権名古屋大会

中国の世界選手権参加は、東南アジアの分断国家の問題を引き起こすことになる。カンボジアでは中国参加の前年、一九七〇年に政変が起こり、ロン・ノル将軍が大統領に就任、外遊中のシハヌーク国家元首を解任した。シハヌークは亡命先の北京でカンプチア王国民族連合政府を樹立した。また南ベトナムでは、反政府組織である南ベトナム解放民族戦線が一九六九年六月に臨時革命政府を樹立していた。北ベトナム(ベトナム民主共和国)の傀儡国家である。一九七一年三月に開かれた世界卓球選手権名古屋大会には、分断国家の反共側、すなわち、カンボジア(ロン・ノル政権)と南ベトナム(ベトナム共和国)が参加した。

カンプチア王国民族連合政府と南ベトナム臨時革命政府は、選手権に参加する代表チームは自国の真の代表ではないと非難した。中国と北朝鮮の体育部門もこれを支持し、来日した北朝鮮と中国の選手団も同調した。国際卓連のエヴァンズ会長はこのとき北京にいて、周恩来首相に事情を説明、周は国際卓連の立場を理解したが、意見は一致しなかったという。

三月二六日、国際卓連諮問委員会が開かれ、カンボジアと南ベトナムの参加が承認された。一方、台湾の国際卓連加盟問題は棚上げされた。翌日、中国選手団は、諮問委員会がカンボジアと南ベトナムの出場拒否提案を見送り、一部のものが台湾を引き入れて「二つの中国」「一つの中国、一つの台湾」をつくろうとしたと非難した。中国チームは来日以来、友好第一の姿勢をみせていたが、「政治的原則だけは断固として貫く態度を改めて強調した」のである。

三〇日の国際卓連総会では、南ベトナム代表が台湾の加盟申請を緊急動議として取り上げるよう要求、マレーシア、韓国、ペルーの代表が賛成した。中国代表は「これは米帝国主義の手先による国際卓連への陰謀だ。中華民国なるものは一九四九年の中華人民共和国誕生以来存在しないものだ。中国を代表するのは中華人民共和国だけだ」と反論、北朝鮮、ルーマニア、ソ連などがこれを支持した。結局、インド代表が、この問題は諮問委員会で話がついていると発言、討論は打ち切られた。

競技も政治と無縁ではいられなかった。名古屋大会での団体戦では男女とも中国と日本が決勝に残り、四月一日に両国が対戦、女子は日本、男子は中国が優勝した。その翌日、中国選手団の王暁雲《おうぎょううん》副団長(外交部アジア局次長)が、中国の選手が南ベトナムとカンボジアの選手と当たった場合、対戦を拒否すると宣言した。実際に、中国のエース荘則棟《そうそくとう》はカンボジア選手との対戦を拒否した。荻村伊智朗は「中国は初めから政治的な立場で参加したのであるから、政治を優先させるということは中国としては当然のことでしょう」と荘のボイコットに理解を示したが、選手や観客からは「スポーツと政治は区別すべきだ」「おかしい」「クレイジーだ」など批判的な意見が多く寄せられた。

中国の強硬な姿勢は、ジェスチャーにすぎなかったのかもしれない。というのも、「米帝国主義」との融和が一方で進みつつあったからである。

アメリカのグレン・コーワン選手が中国チームのバスに乗り込んだのは四月四日のことであった。通訳を介して気さくに語りかけたコーワンに対して、中国選手はだまりこくっていた。そのときコーワンのもとに近づき、贈り物を手渡したのが荘則棟だった。中国選手団が毛沢東からの緊急メッセージを受け取ったのは七日午前である。そこには、アメリカチームを中国に招待せよとの指示が書かれていた。こうして、「ピンポン外交」の幕が開け、翌年にはニクソン大統領の訪中が実現する。このシナリオがどこまで計画されたものだったかはわからないが、中国側としては、とりわけ国内や友好国に対して、アメリカに接近する前にアメリカに強い姿勢を見せておく必要があったのだろう。こうして、それまで大会を覆っていた政治的緊張は一気に解けていった。

図16　荘則棟から贈り物を受け取ったコーワン(中国体育百年図志，374頁)

アジア卓球連合の結成

後藤会長は名古屋大会のさい、中国にAA(アジア・アフリカ)卓球選手権大会の開催をもちかけていた。反共勢力で占められるアジア卓連の改革を断念し、中国を含むアジア全体が参加できる新組織を結成する前提として構想したものであった。AA諸国との連帯を重視する中国外交ともマッチしていたため、トントン拍子で計画が進んだ。

AA大会は一一月に開催され、名古屋大会の五八カ国に迫る五一カ国が参加、熱戦を繰り広げた。参加チームのレベルの差は大きかったが、「団結と友好」こそが大会の目標であった。最終日には周恩来、江青《こうせい》、張春橋《ちょうしゅんきょう》、姚文元《ようぶんげん》ら共産党の要人が参観、中国側の重視のほどがうかがえた。中国側はこの大会にラテンアメリカを加えてAAA大会とすることを提案した。

AA大会の舞台裏では、中国を中心にアジア卓連にかわる新組織の結成が進められていた。後藤会長は一貫して新組織結成には慎重だったが、国際卓連のエヴァンズ会長から、新組織を結成すれば国際卓連はこれを公認するとの言質を得て、ようやくアジア卓連からの脱退と、新組織「アジア卓球連合」の結成を決心する。だが、後藤は新組織を目にすることなく、翌一九七二年一月二二日に死去した。

AA大会の成功は、アジア卓連に大きなプレッシャーを与えた。AA大会の向こうを張って一九七二年二月に開く予定だったアジア卓球選手権は九月に延期され、追いつめられたアジア卓連は三月八日に臨時総会を開催した。フィリピン、タイ、インド、南ベトナム、カンボジア、韓国、台湾、オーストラリア、インドネシアの代表が参加、インドが台湾の除名を求める動議を提出、台湾以外のすべての国がこの動議を支持した。

アジア卓連は台湾を除外することで、日本が脱退を思いとどまることを望んだが、時すでに遅かった。三月一一日に日本、翌日に北朝鮮の卓球関係者が北京入りし、中国を加えた三国の代表が一五日に新卓球組織の結成を呼びかけるコミュニケを発表した。五月、北京に一六カ国の代表が集まり、アジア卓球連合が正式に成立、第一回アジア選手権大会を九月に北京で開催することを決めた。

旧アジア卓球連盟加盟国は次々と新アジア卓球連合が主催するアジア選手権大会への参加を表明した。最終的には三〇の国・地域が参加、そのなかには旧アジア卓連の中心的存在であったインド、タイ、フィリピンが含まれていた。旧アジア卓連にはインドネシア、カンボジア、南ベトナム、韓国、ニュージーランドを残すだけとなった。一九七三年四月の国際卓連総会で旧アジア卓連の公認が取り消されるに及び、大勢は決した。

一九七三年九月には北京で第一回アジア・アフリカ・ラテンアメリカ卓球友好招待大会(AAA大会)が開かれた。中国はAAA大会、AAA大会、アジア選手権大会を通じて、国交のない国々と初めて接触し、国交樹立への足がかりとした。その意味でこれらの大会は、中国のピンポン外交の延長であり拡大であった。

「卓球はアジアを結ぶ」？——第二回アジア選手権横浜大会

新アジア卓連の第二回選手権大会は一九七四年四月に横浜で開かれることになった。三年前の世界選手権とは対照的に、今回はカンプチア王国民族連合政府、南ベトナム臨時革命政府、ラオス愛国戦線など、東南アジアの分断国家のうち共産側の国が参加した。横浜市がこのような大会を受け入れたのは、飛鳥田《あすかた》一雄《いちお》市長（のち社会党委員長）による革新市政がしかれていたこととも関係があろう。

しかし法務省はカンプチア王国民族連合政府、南ベトナム臨時革命政府、ラオス愛国戦線代表の入国に難色を示し、正式国名ではなく「カンボジア（民族統一戦線）」「南越（解放戦線）」「ラオス（愛国戦線）」という名称での入国を許可した。三国ともこの条件をのんだが、この決定には中国の働きかけが大きかったようである。ところが、カンプチア王国民族連合政府は直前になって正式名称での渡航を要求、これが拒否されると、不参加を宣告した。残る南ベトナム臨時革命政府とラオス愛国戦線の代表は、三月三〇日に北京からの中国機で中国チームとともに来日した。

開会式のプラカードをどうするかは、その前日になっても方針が定まらなかった。南ベトナム代表が「ベトナム南方共和」を主張し、「南越（解放戦線）」に反対したからである。彼らが開

アジア卓球開く

プラカードの呼称表示　法務省きょう警告

REPUBLIC OF SOUTH VIET NAM

英語のプラカードを先頭に入場する南ベトナム臨時革命政府選手団

図 17　「ベトナム南方共和国」のプラカードを掲げる南ベトナム選手団（読売新聞 1974 年 4 月 3 日）

会式で掲げたのは、「REPUBLIC OF SOUTH VIETNAM・TTAD」というプラカードだった。訳すると「ベトナム南方共和国・卓球協会代表団」。正式国名の使用を求める南ベトナム代表とその使用を禁じる法務省との板挟みとなった大会組織委員会が、徹夜の協議で決めたアイデアだった。というよりも、組織委員会の弁明からは、それが「既定の方針」で、入国許可を引き出すために法務省を欺いていたことがうかがえる。

北朝鮮ともトラブルが起きていた。北朝鮮は新アジア卓連の創設メンバーであり、第三回大会は平壌で開かれることになっていた。ところが、三月二六日になって突然不参加を通告してきたのである。その理由は「諸情勢により」「体育上の理由から」であったが、政治的な背景があることが推測された。中ソの対立が激化するなかで、北朝鮮は難しい舵取りを強いられていた。北朝鮮は前年モスクワで開かれたユニバーシアードを、韓国が参加するとの理由でボイコットしており、中国が主導するアジア選手権に参加するのはバランス上好ましくないと判断したのではないか、ひょっとしたら出発直前にソ連から圧力を受けたのではないか(当時はビザの関係で北朝鮮から日本に来るにはモスクワを経由する必要があった)などの推測がなされた。結局、役員三名だけが来日した。

四月四日、北朝鮮代表は途中からの参加を申し込んできたが、南ベトナムの違約問題などで組織委員会に強い不信感を抱いていた法務省は、北朝鮮代表の入国に難色を示した。八日午前、ようやく法務省は北朝鮮の入国を許可、九日に北朝鮮選手団が来日した。途中参加を申し込んだ背景には、団体戦不参加でソ連の面子を立て、個人戦参加で大会発起国としての責任を果たし、中国にも義理を立て、開催国日本へも配慮するという高度な政治的判断があった、というのが朝日新聞の見立てである。

第二回アジア選手権大会には、「卓球はアジアを結ぶ」というスローガンのもと、アジアの三〇の国と地域から四〇〇人の選手が参加した。北朝鮮、南ベトナム臨時革命政府、パレスチナ選手団など日本の未承認国がこれだけ一堂に会したのも珍しかった(ラオスは大会期間中に連合政府が成立した)。「この大会が「分裂のアジア」から「団結のアジア」への一つの踏み台になった」と評価した飛鳥田市長によれば、「名古屋でのピンポン大会が米中外交の道を切り開いたように、横浜大会は日本の新しいアジア外交の道を開いた」のだった。

一方で、旧アジア卓連にとどまる韓国、インドネシアなどの代表の姿は大会で見られなかった。中ソ対立の影響でモンゴルは参加せず、北朝鮮、カンボジア、南ベトナムの振る舞いは組織委員会を悩ませた。

要するに、これらすべてが「アジア」であり、「アジアのスポーツ」だったのである。

一九七五年二月、インドのカルカッタで世界選手権が開かれた。インド政府はイスラエルと南アフリカの選手を政治的理由で大会から締め出した。中国はそれまで対立していたインドとインドネシアに接近する新たな「ピンポン外交」を展開した。大会中に開かれた国際卓連総会は、「スポーツが支配できない理由」、すなわちスポーツ関係者が状況を変えられない理由によって、ある国の協会が地理的に所属する大陸の連盟に加入できない状況が生じても、国際卓連は当該大陸連盟を公認できる、という趣旨の条文を憲章に追加した。総会に出席した荻村伊智朗によれば、「スポーツが支配できない理由」とは、「政治、宗教、人種などの理由」を意味する。これは、「スポーツに政治が介入しない」というスポーツ界の常識を根本から否定するものであった。国際卓連会長代理の城戸尚夫は次のように評価する。

理想と現実の板ばさみの中で、国際卓連がいち早くスポーツ純粋論から抜け出し、新しい方向を打ち出したことは今後のスポーツの発展に寄与するものだと自負している。国際オリンピック委員会をはじめ、各種の国際スポーツ団体でも、いつかは、この卓球方式を理解し、取り入れるときが来るものと思う。いまは批判のまとになっても、スポーツは政治から、かけはなれて存在できないことを認識してくれるときが来ると確信している。（『毎日新聞』一九七五年二月二一日）

卓球界はアジアの勢力が強い。IOCの拘束も受けない。だからこそ、スポーツに対する政治の役割を正視し、「政治とスポーツは別」という虚構をいち早く改めえたのである。この総会では、新アジア卓連がついに公認され、アジア卓球界統一への道が敷かれた。

2　中国・北朝鮮のアジア大会参加

第三次日中交流

一九七一年四月に名古屋で世界卓球選手権大会が開かれたとき、日体協の要人は会場に姿を見せなかった。日体協の石井光次郎会長は親台湾派の自民党議員で、中国との接近を喜んでいなかっただろう。これに対して、四月に新たに日体協副会長に就任した河野謙三と田畑政治は中国との交流に熱心だった。二人が一九六六年夏に訪中したことはすでに述べた。田畑は副会長として最初の理事会で、中国に対しては「当面はやれるものからやってゆき、その積み重ねによって、全面交流の途を開くよう努力しなければならぬ」、東南アジアに対しては「経済進出が招いている反発と不信を、スポーツ協力の強い推進によって緩和・解消し、アジアの心をつかまえなければなりません」と挨拶した。

一九七一年八月、イランが中国と国交を樹立、一九七四年の第七回アジア大会開催国であるイランは、アジア大会に中国を参加させるべく交渉を始めた。日体協理事会でもこの問題が取り上げられ、柳田秀一《やなぎたひでかず》理事(国会スポーツ議員連盟常任理事、社会党)が「日体協、JOCが中国の国際スポーツ界復帰にイニシアチブを取れ」と発言、竹田恒徳《たけだつねよし》IOC理事もこれに賛同する場面があった。しかし、その後に開かれたJOC常任理事会では、「AGF憲章に基づいて処理する」との方針が確認され、中国の参加を積極的に推進しない立場をとることになった。札幌冬季五輪を控えているという事情もあってか、慎重派が場を制した格好である。

個別の競技団体では、前節でみた卓球に続いて、バレーボールとスケートが中国との交流を再開した。日本バレーボール協会は中国と「会談紀要」を調印し、中国の政治三原則を認めたほか、中国排球協会の国際バレーボール連盟復帰に協力することを約束した(中国は一九七〇年九月に台湾が国際バレーボール連盟に加盟したことに抗議し、連盟脱退を通知していた)。スケートは中国が国際スケート連盟に加盟していたので、こうした問題は起こらなかったが、やはり政治三原則の承認は必要だった。こうして、政治的障害が取り除かれると、日中の交流は活発化した。文化大革命中(一九六六年から一九七六年)、中国とアジア諸国間の交流のなかで日本との交流はダントツに多かった(日本三六回に対して、北朝鮮一四回、イラン一三回)。

JOCの中国問題に関する方針

一九七一年一〇月、国連で中華人民共和国の「中国」代表権が認められ、台湾は国連を脱退した。この趨勢を受け、一九七二年のミュンヘン五輪にさいして開かれるIOCや各IFの総会で、アフリカや東欧諸国から「中国招請、台湾追放」の提案がなされる可能性が高まった。実際、一九七二年四月にはアフリカ・スポーツ最高評議会が国際スポーツ界からの台湾の排除と中国の参加を求める決議を出しており、中国ではこれを契機に、国際スポーツ組織で中国の合法的地位を回復するための闘争を開始する方針が立てられていた。

JOCおよび日本の各競技団体も中国問題に対する基本姿勢を決める必要を認め、JOC国際問題委員会(平沢和重《ひらさわかずしげ》委員長)が一九七二年三月から中国問題について検討を重ねた。同委員会は六月九日に、「ひとつの国にひとつのオリンピック委員会で、というのが本質的な姿で、この立場からすれば、中国を代表するスポーツ団体は中華人民共和国のスポーツ団体である」との統一見解を発表した。これはJOCが中国問題に関して示した最初の公式見解であった。

ミュンヘン五輪では、黒人を排除するローデシアの参加をIOCが認めたことに対してアフリカ諸国が反発、ボイコットを示唆したため、大会前のIOC総会で一転してローデシアの締め出しが決まった。中国はアフリカ諸国が「反人種主義闘争」「反植民地闘争」に勝利したと称讃したが、自身の参加については沈黙を保った。オリンピック開幕前日、イタリアオリンピック委員会のグイリオ・オネスティ会長が、中国のオリンピック参加を呼びかける声明を発表した。この声明は中国の李先念《りせんねん》副総理やＩＯＣ新会長キラニン卿の了承を得たものとされ、台湾は中国の一省として参加することが求められていた。中国のＩＯＣ復帰への大きな一歩であったが、具体的な措置はなにもとられなかった。

一一月二二日、ＪＯＣ総会はさきに国際問題委員会が提出した「中国問題に関する日本オリンピック委員会の態度」を議決した。その内容は下記の通りである。

①台湾は中国の領土の一部であり、中国を代表する唯一の正統政府は、中華人民共和国政府であることが国際常識となった現在、中国代表権問題に関する論議は、もはや終わったとみるべきであろう。

②ＩＯＣ憲章は「地域」も認めているが、本来は「ひとつの国にひとつのＮＯＣ」が原則である。もしひとつのＮＯＣが中国を代表するとすれば、それは中華人民共和国のスポーツ団体である。

③ＩＯＣをはじめＩＦの多くが、中国に対し「門戸はいつでも開いている」というような消極的な原則表明にとどまることなく、自らイニシアチブをとって問題の現実解決に積

極的に取り組むことを強く要望する。

④中華人民共和国スポーツ団体も、国際スポーツ界に復帰する意思を自ら表明することにより、はじめて復帰問題の具体化が始まる点を了解されるよう希望する。

⑤ＪＯＣは、日中スポーツ交流を大いに盛んにしたいが、もし各競技団体の属するＩＦのルールがその障害となる場合は、まずその障害排除に努力を払うことを関係競技団体に切望する。

一二月二〇日には日体協も「中華人民共和国の中華全国体育総会を中国におけるスポーツ界を代表する唯一の総括団体と認める」ことを決定した。こうして日本は、中国の復帰を国際スポーツ界に呼びかけていくこととなった。日本が中国の積極支持に乗り出した背景に、一九七二年九月の日中国交正常化があったことはいうまでもないだろう。

国際スポーツ界の中国包摂の潮流に対して、中国側はあくまで「台湾追放が前提」であり、「中国の復帰は当然の権利回復であり、中国側から要請すべき筋のものではない」として静観を続けた。一九七三年二月のＩＯＣ理事会で竹田恒徳が中国問題を提起したが、先のＪＯＣアピールに対しては否定的な反応しか得られなかった。日体協加盟団体の足並みも揃わなかった。台湾との交流を続ける団体もあり、「アピールの権威にキズがついた」。ＪＯＣ内部では「あのアピールは少し早すぎた」という声すら上がった。

一九七三年四月、JOC委員長に就任した田畑政治は、さっそく国際スポーツ連絡協議会を設置、日中交流に積極的な競技団体の代表らを委員に加え、中国問題への対応を強化することにした。五月、アジア大会組織委員長アリ・ホジャト・カサニ(イラン)が中国、韓国、日本を訪問し、中国の参加へ向けて根回しを行った。七月、日体協は河野謙三を団長とする訪中団を派遣、中国側に「中国自身がもっと積極的な姿勢を示すべきではないか」と申し入れた。中国側はすでに七月二八日に駐イラン中国大使館を通じて、第七回アジア大会参加の希望を正式に申し入れたことを伝えた。中国がなかなか申請を出さなかったのは、先に台湾を排除してから中国が申請すべきだという意見が根強かったためで、周恩来首相の決断でようやく申請にこぎつけたのだった。河野らは周恩来との会談で、中国の参加に向けて協力することを約束した。

中国のAGF加盟、台湾追放まで

一九七三年九月一七日、バンコクでAGF実行委員会が開かれ、タイ、日本、イラン、台湾、パキスタン、イスラエルの委員と、マレーシア、アフガニスタン、インドネシアの委員代理が出席した。

中国問題は二日目に討議された。まずAGF会長で議長をつとめるイランのゴラム・レザー・パフラヴィーから、AGFで「中国」を代表するのは中華全国体育総会であることを確認したいとの提案があり、同じくイランのアミル・アライ委員より中国招請の動議が出された。マレーシア、タイ、インドネシアの代表は、中国招請には賛成したが、台湾追放には反対、マレーシア代表は「このような重要事項は評議員会にはかるべき」と繰り返し主張した。二時間余りの議論の後、議長が挙手での採決を要請、台湾、タイ、マレーシア、インドネシアの代表が「荒々しくドアを開けて退場」するなか、イラン、日本、パキスタンの賛成により動議が認められた（イスラエルは棄権）。パフラヴィーの強引な手法に対して、「テヘラン大会は中国、日本、イランのブルドーザー大会だ」などの批判がなされた。

東南アジア諸国が中国の招請に賛成しながら台湾の追放に反対したのは、国内の華僑に対する配慮があったようである。朝日新聞はこの「深慮遠謀」を「『スポーツと政治は別』と主張するマレーシア、タイこそ、実は政府最高首脳の訓令の下に今回のAGF実行委に臨んでいた」と批判する。強硬な決定に対する反発を抑えるため、中国の招請についての最終決定は、二カ月後に開かれる評議員会に持ち越された。

この決定に対する国際スポーツ界の反応は冷たかった。一〇月のオリンピック・コングレス（ブルガリアのバルナ）で、JOCの平沢和重は、世界の人口の四分の一を持つ中国を世界のスポーツから除外すべきでないこと、「中国」を代表するのは中華人民共和国であることを主張し、「将来中国と台湾が結ばれて、全中国の青年が世界のスポーツに参加できるように希望」した。

図18　AGF評議員会のあと竹田(左)と何振梁(右)が話し合う(体協時報244号)

その後に発言した台湾代表は、「ＩＯＣがスポーツに政治を持ち込むようなことを許せばオリンピックの将来は暗い」と、平沢の意見に猛反発した。ＩＯＣのキラニン会長も「昨年五月に、あるＮＯＣが台湾を除外して、中国を加えることを主張した手紙を各ＮＯＣとＩＯＣに送ったが、このようなことは一つのＮＯＣがやるべき仕事ではない」と名指しはしなかったがＪＯＣを批判、閉会後の記者会見でも「日本のやり方は、現在の非常にデリケートな外交状況のもとでは建設的ではないと思う。日本の見解は、ＩＯＣ、ＮＯＣ、ＩＦの中で半数を占めていない」と強い調子で非難し、さらに「ＡＧＦが十一月の評議員会で台湾の除外を最終的に決めた場合は、アジア大会に対して与えているパトロネージを考え直す」とＡＧＦに警告を発した。

ＪＯＣの受けた衝撃は大きかった。田畑委員長は「ＩＯＣ会長から、こうした反応が出たことは、やや意外だ。結局アジアの問題について、西洋の人たちの認識が、我々とは異なっているということだろう」「しばらく、イランと中国に主導権をとってもらい、日本は静観、静観」

と新聞記者に答えている。

中国問題を決するＡＧＦ評議員会は一九七三年一一月にテヘランで開かれることになっていた。実行委員会の決定が承認されるかどうかは微妙な情勢だった。国際陸連は非加盟国である中国が参加する大会は公認できないと警告していた。中国参加を主導してきた日本はキラニンの叱責におじけづき、すっかり及び腰になっていた。開催一週間前の時点で実行委員会決定支持を明確にしていたのはインドとネパールだけだった。イランはどんな形でも大会を開催するつもりで、アジア大会の分裂も憂慮された。

歴史研究者のヒューブナーによると、この評議員会で親中国派は「アジアの団結」、親台湾派はアマチュアスポーツの理想に訴えた。親中国派は中国の参加を、「一つの中国」をめぐる中国と台湾の争いではなく、中国を排除しようとする国際スポーツ界とアジアスポーツ界の対立、新植民地主義と反・新植民地主義の対立として解釈した。「ＩＯＣは、われわれに何をしたか。加盟国の数に入れて、ＩＯＣの権威づけに利用しただけではないか。中国問題について、なぜわれわれアジア人は、西欧支配のスポーツ組織から強迫されねばならないのか」と語ったネパール代表がその典型である。親台湾派は、台湾追放が憲章違反であり、スポーツに政治を持ち込んでいると主張した。過失のないメンバーを追放できないというのは、まさに、ＩＯＣやＩＦなど国際スポーツ界が台湾追放を前提とする中国の参加に反対する理由であった。

この会議に出席した清川正二は、会議の様子について、「アジアのことだからアジア人で決めようという意思が会議に強く出ていた」と証言している。創設以来、アジア言説が力を持ってきたアジア大会では、アジアの感情に訴えるほうが有効であった。投票の結果、賛成三八票、反対一三票、白票五票と、予想以上の大差で「中国招請、台湾追放」の実行委員会決定が承認された。反対票を投じたのは、カンボジア、インドネシア、フィリピン、南ベトナムなど、棄権はイスラエルと韓国だった(各国三票)。親台湾派とみられたタイは欠席した。もともと台湾除名に反対していながら賛成に転じたある代表は政府の圧力があったことを示唆した。韓国は反対だったが「日本の立場をこれ以上苦しいものにしたくなかった」として棄権を選択した。結局のところ、スポーツの理想よりも政治が優先したのである。

国際スポーツ界の反応

台湾追放が決まった日、IOCのキラニン会長はさっそく声明を発表し、IOCがアジア大会を公認しない可能性に言及した。国際陸連や国際水連も今回の決定を非難した。一二月に開かれたIOC幹部と各IF代表との話し合いでも、ほとんどのIFがAGFの決定を非難した。一九七四年一月に朝日新聞は、もしAGFが国際スポーツ組織と対決姿勢を打ち出した場合、前年一一月のテヘラン会議で見られた「アジアの一体性」が保てるだろうかと疑問を呈した。

アジアの各国は「ＡＧＦか、ＩＦか」の二者択一を迫られ、アジアの立場（政治）とスポーツの理想の間で揺さぶり続けられるだろう、それがアジアスポーツ界の宿命だ、とこの記事は主張する。

しかし、状況は変わりつつあった。中国の参加決定後、北朝鮮、イラク、サウジアラビア、モンゴルがＡＧＦへの加盟を申請、二月一四日に承認された。中国もスポーツ官僚をヨーロッパに派遣、ＩＯＣやＩＦの関係者と会談を重ねた。アフリカ・スポーツ最高評議会、キューバやペルーのオリンピック委員会が中国支持を表明した。ＩＯＣ理事竹田恒徳は、二月にローザンヌで開かれるＩＯＣ理事会を前に、「中国をめぐる状況はすこぶる好転している」と自信をのぞかせた。「ぐんと厚みを増すＡＧＦを、ＩＯＣは無視出来なくなってい」たのである。

そのＩＯＣ理事会はアジア大会の公認を全会一致で決定した。田畑政治は「この決定はＩＯＣがアジアの〝重み〟に負けたということで「スポーツは西欧のもの」と思ってきたＩＯＣがアジアを無視できなくなってきた。これが非常に愉快なことだ」と評した。ＩＯＣの公認を得られたことで、最大の難関は突破したが、まだ問題は山積していた。ＩＦの動向である。

アジア大会に参加するには、その競技のＩＦに加盟するか、ＩＦが非加盟国との対戦を許可していなければならない。さもないと、対戦相手がＩＦ公認の競技会に出られないなどのペナルティを科される。

表7　中国のIF加盟状況（1974）

地位	連盟	1974年の動き	
加盟済み	国際卓球連盟		
加盟済み	国際バレーボール連盟		
交流可	国際アマチュアバスケットボール連盟	7月10日	加盟
交流可	国際アマチュアレスリング連盟	8月28日	加盟
交流可	国際テニス連盟		
交流可	国際射撃連盟		
交流可	国際体操連盟		
交流可	国際バドミントン連盟		
交流不可	国際重量挙げ連盟	5月6日	加盟（正式加盟は10月）
交流不可	国際フェンシング連盟	5月16日	加盟（正式加盟は9月）
交流不可	国際サッカー連盟	7月6日	許可
交流不可	国際陸上競技連盟	7月18日	許可
交流不可	国際アマチュア自転車競技連盟	8月21日	許可
交流不可	国際水泳連盟	8月30日	許可

中国は最終的に一四競技に参加する。

このうち、アジア大会参加が決まった時点で、中国が加盟していたＩＦは卓球とバレーボールだけだった（表7）。先にも述べたように、バレーボールは台湾の加盟に抗議して脱退を通告したものの、連盟側は正式な通告がないとして脱退を認めていなかった。このため、国際バレーボール連盟は中国と台湾が加盟する唯一の国際スポーツ組織となっていた。

非加盟国との交流を許可していたＩＦは、バスケットボール、レスリング、テニス、射撃、体操、バドミントンである。

このうちバスケットボールは七月の理事会で、レスリングは八月の総会で、それぞれ台湾の追放と中国の加盟が承認された。国際体操連盟は一九七三年一一月の総会で、中国のアジア大会出場を承認しなかった。その後、ＩＯＣがアジア大会を公認したこと、中国の体操関係者が積極的に働きかけたこと、日本が強く支持したことにより、一九七四年四月の理事会で中国の参加が承認された。

非加盟国との交流を禁止していたのは重量挙げ、フェンシング、サッカー、陸上競技、自転車、水泳だった。このうち重量挙げが五月の理事会で中国加盟と台湾追放を承認、初めて台湾追放を認めたＩＦとなった。つづいて国際フェンシング連盟が中国の加盟を認めた。台湾も同時に加盟を申請していたが、連盟は書式の不備を理由に台湾の申請を拒否した。

国際サッカー連盟（ＦＩＦＡ）は一月に中国の加盟申請を却下していた。「台湾を除名して」という条件はどんなことがあっても認めず、アジア大会も中国が参加すれば正式競技と見なさないという厳しい姿勢だった。二月に台湾除名、中国復帰を求める提案をクウェートがＦＩＦＡに提出、これを受けて三月に中国はふたたび加盟の申請をした。しかし、六月の理事会はクウェート提案を否決、さらに「台湾のメンバーシップは自動的に消滅し中国がそれを受け継ぐ」というエチオピアの修正案も賛成五八票、反対四八票で否決された（可決には四分の三の賛成が必要）。日本はＦＩＦＡに中国のアジア大会参加を認める特別措置をとるよう求め、七月になってついにＦＩＦＡはこれを認めた。田畑政治は「思いがけない朗報だ。アジアが一丸となって中国の復帰を呼びかけてきた熱意が通じたのだと思う」とこの決定を歓迎した。中国に対して厳しい姿勢をとってきた「国際スポーツ界のビッグスリー」、すなわち陸上競技、水泳、サッカーの一角が陥落したのである。

七月一三日、国際陸連中国問題小委員会が「加盟国と非加盟国との交流を条件付きで認める」との規約改正案を評議員会に勧告した。この改正案は評議員による電報投票で採択され、中国の参加が事実上認められることになった。日本陸連の青木半治専務理事は、「さすがに強硬だった国際陸連も、世界の流れには抗しきれなかったということでしょうか。よかったですね」「サッカーと違い、中国との交流だけでなく非加盟国との交流としたのは、アフリカに未加盟国が多いことから、これを考慮したからでしょう」とコメントしている。朝日新聞は青木のいう「世界の流れ」を「「八億人の中国を国際スポーツ界に迎え入れるべきだ」とのアジア各国の主張と、これを支持する第三世界の世論に、ルール至上主義のIOC、IFが抗し切れなくなった結果」と解説した。

大会まであと一カ月半、残るは自転車と水泳だけになった。八月二一日、国際アマチュア自転車競技連盟は緊急会議を開いて中国のアジア大会参加を認めた。

国際水連ではこれまで三回、中国の加盟が提案されたが、台湾の除名がネックとなり認められなかった。六月、中国は国際水連のハロルド・ヘニング会長を北京に招待、国際水連への加盟申請を提出した。ヘニング会長は中国の特別参加を認めるための郵便投票を実施することを約束した。八月三日に発表された投票結果は、「否決」だった。国際水連は非加盟国との交流を検討する委員会を九月中旬にカイロで開くとしたが、それではアジア大会に間に合わない。中国は予定通り水泳選手を派遣するつもりだった。これは日本に大きな難題を突きつけた。IFの公認がないまま試合に出た場合、二年後のモントリオール五輪に出場できなくなる可能性があった。日本水連は、中国が参加した場合、日本は水泳競技に出場しないことを確認した。

八月一六日、外国選手団のトップを切って、中国選手団がテヘランに着いた。二〇日、中国選手団長趙正洪《ちょうせいこう》(中華全国体育総会副主席)も到着、「国際水連のボスたちがくだした不当な決定に服するつもりなはい。……だがアジアの水泳界、とくに主催国イランの立場を考え、アジア人民の団結を守るため、今大会の水泳には参加しないことを決めた」と発表した。この「勇気ある決断」に日本側はホッとしたことだろう。JOCの田畑委員長は「ルールを守ることについては日本とも約束していたが、そのとおりやってくれた中国の紳士的な態度に改めて感謝したい」と述べ、中国の国際水連復帰に全力を尽くすことを誓った。朝日新聞は、「ルール尊重の姿勢を示すことで、FINA(国際水連)の再加盟申請に対する心証を良くする効果」があり、ひいては中国の本格的国際舞台復帰(IOC復帰)への道を広げることが期待できると説明した。

とはいえ、中国は水泳の参加をあきらめたわけではなかった。二八日夜、国際水連へニング会長がテヘラン入りした。「ルールによれば練習も出来ないことになっている」と頑なな態度を崩さなかったへニングを、アジア大会組織委員会のパフラヴィー会長、中国選手団の趙正洪団長、AGFの竹田恒徳副会長らが三〇時間にわたって説得した。大会開会前日、ヘニング会長は「アジアとその他の地域をふくめての友好とスポーツの発展のために、中国のアジア大会水泳競技参加を許可する」と発表した。アジアの団結が、世界の圧力に勝利した瞬間だった。

札幌冬季五輪と日朝交流

テヘランアジア大会では北朝鮮の参加も実現する。そこに至る道のりは、IOCやIFの動向に左右された中国の場合とはまた違ったものがあった。

一九六九年六月のIOC総会で北朝鮮が「朝鮮民主主義人民共和国」の名称を使うことが認められた。札幌五輪組織委員会にとって、この決定は悩ましいものだった。「朝鮮民主主義人民共和国」では、日本政府が入国を許可しないことが予想されたからである。しかし、一九七〇年九月に、日本政府は翌年三月の世界卓球選手権大会(名古屋)を念頭に、未承認国の正式名称使用を認める方針に転換した。この措置が初めて適用されたのは一九七一年二月の札幌プレ五輪だった。この大会では、国名にまつわるトラブルを避けるため、プラカードは英語のみで表示することになった。北朝鮮は「D・P・R・KOREA」だった。ところが、観客から、英語では「どこの国かさっぱりわからない」との不満が出たため、組織委員会は本番では日本語を併記することに一旦は決めた。ただし、韓国と北朝鮮は英語名称のみとしたことから、北朝鮮が「不当な差別」だと訴え、結局、組織委員会はすべての国名表記を英語のみにすると決定した。

一九七二年八月、北朝鮮は夏季オリンピック（ミュンヘン）に初出場し、射撃でリ・ホジュンが金メダルを取った。いまだ金メダルを取ったことのない韓国にとって大きな衝撃だった。しかも、「私は敵の心臓を撃つ気分で撃った。首領様（金《キム》日成《イルソン》）は敵に対する気分で戦えと教示されました」というリの言葉にも衝撃を受けた。「敵」が自分たちであることは明らかだった。

図19　札幌冬季五輪の北朝鮮選手団．プラカードは「D.P.R.K.」(毎日フォトバンク)

激しい敵対意識は、分断された両国が競技場で対戦できるようになったことの証でもあった。ミュンヘン五輪の期間中、南北統一推進の精神にそってスポーツ交流を進めることが韓国と北朝鮮の代表の間で合意されている。「南北統一推進の精神」とは、ミュンヘン五輪の約一カ月前、七月四日にソウルと平壌で発表された南北共同声明を指す。

一方で北朝鮮は、国連加盟やピンポン外交を通じた中国の国際的地位向上と連動して、積極的な外交を展開(北朝鮮と外交関係を樹立した国は一九七〇年に三三カ国だったが、一九七六年には八八カ国となった)、自らの国際的地位を高めるのと同時に、韓国の孤立化を目論んだ。アジア卓球連合への積極的な関与はこうした北朝鮮外交の最たるものであった。日本との交流もこのような文脈で浮上する。

一九七一年八月末から日体協の山口久太と市川恭一郎《いちかわきょういちろう》(習志野高校教諭)が北朝鮮を訪問した。二月の札幌プレ五輪のさい、北朝鮮の孫吉川《ソンギルチョン》団長が招待を約束しており、それに応じての訪問だった。翌月、朝日新聞社の後藤基夫編集局長が金日成と五時間にわたって会談、金は日本との経済・技術・文化・芸術の交流を進める準備があることを伝えた。一一月には日本側で超党派の議員による日朝友好促進議員連盟が結成され、一九七二年七月に成立した田中角栄《たなかかくえい》政権も北朝鮮との交流の拡大に力を注いだ。スポーツ界でも、一九七二年五月に習志野高校サッカーチームが北朝鮮と中国に遠征、翌年一月には北朝鮮の高校サッカーチームが来日した。

一九七四年のテヘランアジア大会を見据えて、北朝鮮はイランとの交流にも取り組んだ。一九七二年九月、北朝鮮はイランの卓球チームを平壌に招待、一九七三年九月には北朝鮮の選手がイランで開かれた国際レスリング会議に参加した。同年一二月、北朝鮮はAGFに加盟を申請、翌年二月に加盟が承認され(二二カ国中、一四カ国が賛成)、アジア大会参加が実現することになった。

これに対して、韓国との関係は悪化の一途を辿った。一九七三年八月、北朝鮮はユニバーシアード(モスクワ)への選手派遣を中止した。この間の事情について、朝日新聞は北朝鮮の関係者のコメントを次のように伝えている。

最近、南朝鮮当局者は朝鮮の自主的平和統一〔南北共同声明を指す〕の代わりに、民族の分裂を固定化し、〝二つの朝鮮〟をでっちあげようとたくらみ、こんどのユニバーシアードまでも〝二つの朝鮮〟でっちあげのための政治的目的に利用しようと策動している。(『朝日新聞』一九七三年八月一六日)

「〝二つの朝鮮〟でっちあげ」とは国連への南北同時加盟案を指す。韓国の朴正煕大統領は六月に「平和統一外交宣言(六・二三宣言)」を発表、国連への南北同時加盟やソ連など共産主義諸国に対する門戸開放を宣言していた。モスクワでのユニバーシアードへの参加は、このような韓国の新しい外交の一環であり、韓国チームがソ連入りするのは初めてのことだった。北朝鮮のボイコットは、韓国とソ連の接近に対する不満の表明だった。さいわい国連加盟問題が一応の解決を見たことで、韓国は北朝鮮のＡＧＦ加盟を歓迎し、「両国のスポーツ交流の糸口となること」を望んだのである。

アジア団結の行方——テヘランアジア大会

一九七四年九月一日から始まったアジア大会は、主催国イランにとっては大成功だった。しかし、大会ではイランに有利な判定やドーピングが問題となった。イスラエルとの対戦拒否は、アラブ諸国の選手だけでなく、中国選手にも広がった。韓国と北朝鮮の対立も深刻だった。

三八度線をはさんだ韓国と北朝鮮の厳しい情勢はそのままテヘランに持ちこまれた。開会前、ホテルやプレスセンターで、南北の記者が笑顔で話し合う場面に幾度かぶつかった。「やはり同じ民族だ。もしかすると、大会を通じて対話が復活するのでは……《ママ》」こんな期待を抱かせた。しかし、競技が始まると、対立はむきだしだった。……ボクシング会場のこと。韓国を破って優勝した北朝鮮選手の表彰式で北朝鮮国歌の吹奏が始まると、韓国側応援団は手で耳をふさいだ。幼い子供たちまでが同じ行動をとったのには心が痛んだ。

（『朝日新聞』一九七四年九月一八日）

バンコクで開かれた第五回、第六回アジア大会でさほど目立たなかったスポーツにおける政治は、アラブ諸国や中国、北朝鮮などの社会主義国が新たに参加したことで、ふたたび前景に現れた。アジア大会の分裂も懸念されたなか、日本選手団の田島直人団長はこう記している。

アジアは一つであるべきである。しかしこの広いアジアが一つになることは難しい。開会式で平和を象徴するまっ白な鳩がとび立ったとき、対立のないアジアの実現を願った。残念ながらそれは遠いことのようだ。アラブの問題、南北の問題、スポーツの世界にも人種、政治は強くからんでいる。しかしわれわれは絶望してはいけない。幸い全く中立的な立場にある日本がアジア・スポーツ界に果たす役割はいよいよ大きい。（田島直人「任務を終えて」『体協時報』二五三号、一九七四年九月）

大会を前に団結したアジアは、大会中の政治により分裂の危機に直面した。田島は非政治主義に徹することで、政治がもたらした危機を乗り越えようと提言した。しかしながら、日本のそうした姿勢は、政治化を強めるアジアスポーツ界において、結果的に日本のプレゼンスを低下させることになるのである。

3　孤立する日本

開催の危機――韓国のアジア大会返上

一九六〇年代から七〇年代にかけて、アジア、とりわけ東南アジアは、経済大国への道を歩みつつあった日本の海外市場となっていく。アジアにおける日本のプレゼンスは高まったが、反発も大きかった。

この時期、アジア大会は開催予定都市が開催権を返上し、開催が危ぶまれるという事態を二度経験する。いずれの場合も、アジア諸国は日本に期待したが、日本は開催を引き受けなかった。一方で日本は、東京と札幌でオリンピックを開催していた。オリンピック重視とアジア大会軽視——日本のこうした姿勢は日本をアジアから浮かび上がらせることになる。

大韓オリンピック委員会(KOC)がアジア大会のソウル招致を決めたのは一九六六年三月のことだった。一九七〇年の第六回アジア大会開催地は、一九六六年一二月にバンコクで開かれる第五回アジア大会で決まることになっていた。韓国の招致関係者がバンコク入りしたあと、産業開発を優先する韓国政府はアジア大会招致を放棄することを決めた。しかし、現地では招致活動が続き、ライバルのセイロンが立候補を取り下げたため、ソウルが開催地に選ばれた。ソウルアジア大会は開催決定時点ですでに黄色信号がともっていたのである。

図 20　第 5 回アジア大会閉会式で表示された「ソウルで会いましょう」のメッセージ(韓国体育百年史，99 頁)

一九六八年一月二一日、北朝鮮の特殊部隊員が朴正煕大統領を殺害するためソウルに侵入、韓国側と銃撃戦になった（青瓦台《チョンワデ》襲撃未遂事件）。続いてアメリカ海軍のプエブロ号が北朝鮮軍に拿捕される事件が起きた。安全保障への不安は、ソウルが大会を返上するよい口実となった。二月一四日、KOCは総会を開いてアジア大会の返上を決定、三月二七日にAGFに通知した。

日本の対応は冷ややかだった。JOCは札幌冬季五輪の準備があることを理由に開催を引き受けないとの方針を早々に決めた。そんなおり、福岡市長が突然、一九七四年のアジア大会誘致を表明した。一九七〇年大会が宙に浮くなかでの発表に日本のスポーツ関係者はとまどった。

一九七〇年大会の善後策を話し合うAGF総会は四月三〇日から開かれることになっていた。それに先立ち、JOCはAGF加盟各国に、札幌冬季五輪、札幌プレ五輪、大阪万博の開催を理由に日本での開催はできないことを伝えた。

AGF臨時総会は、マレーシア代表の提案を受けて、前回開催国であるタイに開催を要請する決議を満場一致で行った。しかし、タイは難色を示した。JOC内では「アジアのスポーツ界のリーダーとしてアジア大会を引受けてはどうか。あまりにも日本の態度が消極的すぎる」（岩田《いわた》幸彰《ゆきあき》）との意見もあったが、「日本が開催を引受け、北朝鮮がアジア競技連盟に加盟するようなことになれば政府の入国拒否や韓国、台湾などのボイコットで大会の混乱を招くことが必至だ。アジア大会を引受ける以上はアジアのスポーツ界をまとめることが条件で、逆に割るよ

表8　第6回アジア大会各国支援額

国　名	支援額（$）
韓国	250,000
日本	75,000
イスラエル	25,000
台湾	25,000
マレーシア	10,000
アフガニスタン	6,000
パキスタン	5,000
香港	5,000
フィリピン	5,000
イラン	5,000
インドネシア	5,000
ネパール	1,000
合　計	417,000

うな結果になる」（田畑政治）、「北朝鮮はＡＧＦ加盟の条件を備えており、申請があった場合、ＡＧＦとしては、これを拒否することはできない。北朝鮮が加盟のチャンスをねらっていることは十分考えられる」（鈴木《すずき》良徳《よしのり》）などの慎重派の意見が優位を占めた。北朝鮮への懸念は、前年のユニバーシアード東京大会の混乱から来ている。北朝鮮が参加した場合、その名称をめぐってユニバーシアードのドタバタ劇が再演されることを日本のスポーツ関係者は恐れていたのである。

七月になってようやくタイが大会を引き受けることを承諾するが、大会経費をアジア諸国で分担することが条件だった。その後、経費や分担に関する交渉が続き、タイが正式に開催に同意したのはようやく一二月になってであった。大会経費の不足分四〇万ドルのうち、大会を返上した韓国が二〇万ドル、開催国タイが一〇万ドルを負担し、残る一〇万ドルを日本などが負担することになった。最終的な負担額は表8の通りである（タイは除く）。大会を返上した韓国は別として、日本が三番目に多い台湾とイスラエルの三倍の金額を負担していることから、日本のアジアスポーツ界における経済的地位をうかがえるだろう。

日本の「ご都合主義」――シンガポールのアジア大会返上

第六回アジア大会中に開かれたAGF総会で、第七回アジア大会はテヘランで開催されることが決まった。かねて第七回アジア大会誘致を進めていた福岡は、一九七八年の第八回大会の誘致を目指すことになり、一九七一年一月に招致期成会を組織した。ライバルはシンガポールだったが、「加盟各国持ち回り」というアジア大会の原則からすると、福岡が不利であることは明白だった。一九七二年八月、ミュンヘン五輪のさなかに開かれたAGF評議員会で、「日本ではアジア大会ばかりでなく、オリンピックまで開いている。他の国々にも、ぜひチャンスを与えてほしい」と訴えたシンガポールが二〇票対一五票で福岡を破り、アジア大会の開催権を獲得した。ところが、翌年一〇月、シンガポールは経済上の理由から開催権を返上する。

一九七四年八月にパキスタンのイスラマバードが開催地に決まるが、そのパキスタンも財政難を理由に一九七五年六月に大会開催を辞退した。それから約一年たっても開催地は決まらず、一九七六年四月二六日に開かれたAGF実行委員会は日本に開催を要請することを決めた。この委員会では大会の簡素化と開催国に大会参加国を選ぶ権利を与えることも決めた。いずれも大会開催のハードルを下げるためのもので、後者はミュンヘン五輪（一九七二年）でのイスラエル選手虐殺、テヘランアジア大会（一九七四年）でのイスラエル選手との対戦拒否など、イスラエルをめぐる問題が先鋭化し、アラブ諸国が多数加盟するアジア大会を分裂に導きかねない状況になっていたことを踏まえ、イスラエルの排除を含意していた。二年という短期間で大会を組織できるのは日本しかなく、日本が引き受けなければ流会という状況のなか、開催を拒んできたJOCも大会開催の可否を再度検討することになった。

四月二八日に開かれたJOC総会では、「イスラエル、中国問題と火中のクリをひろうようなもの。財政面からも運営に金はかかるし、〔開催予定の一九七八年は〕モスクワ五輪を二年後に控える時期で、選手強化の支障にもなる」(鈴木良徳)との反対意見もあったが少数派で、「日本が引き受けないと、アジア大会はダメになる。アジアに対する外交、国際政治の面からもマイナスじゃないか」(田畑政治)と日本での開催を是認する意見が多く出た。しかし、JOCは五月末になって、一転して日本開催を断るという判断を下した。

この間、イスラエルは参加を宣言し、排除された場合にはIOCへの提訴も辞さない構えをみせていた。差別を禁じたAGF憲章に違反する決定を実施すれば、JOCがIOCから資格を停止される危険があった。JOCは第四回アジア大会の主催国インドネシアの二の舞になることは避けたかった。こうして、日本はふたたびアジアを見捨てたのである。

一九七六年一二月、第八回アジア大会がバンコクで開催されることが決まった。日本の消極姿勢を朝日新聞は次のように批判した。

日本はこれまで、アジア・スポーツ界の盟主と自負しながら、目はオリンピックに向き、アジア大会を軽視しがちだったが、今こそアジア大会を現実に即した規模と内容にし、また紛争の芽をつむための積極的な役割を果たすべきだろう。ご都合主義の日本スポーツ界への風当たりは強くなっている。(『朝日新聞』一九七六年一二月一一日)

JOC臨時総会ではAGFに対して「組織や運営が未熟で低次元。ひと握りの国のご都合主義で運営される面もある」との批判が出ていたが、金メダルをごっそり持ち帰りながら大会の危機を救おうとしない日本のスポーツ界もまた「ご都合主義」にほかならなかった。

バンコクは第六回大会を受諾したときと同じく、大会経費をAGF加盟各国が分担することを条件にした。予想される経費二五〇万ドルのうち約八割をサウジアラビアなどのアラブ諸国が負担、残る五〇万ドルを日本などが分担することになった(表9)。「オイルダラー大会」と揶揄されるほど、今回のアジア大会はアラブ諸国のオイルマネーに依存していた。彼らがこれほど熱心だったのは、もちろんイスラエルを排除するという政治目的のためだった。

表9 第8回アジア大会各国支援額

国　名	支援額($)
サウジアラビア	1,500,000
クウェート	250,000
日本	200,000
中国	200,000
イラク	150,311
カタール	150,000
イラン	75,000
韓国	50,000
北朝鮮	49,875
シンガポール	15,000
香港	13,000
マレーシア	10,000
インドネシア	10,000
フィリピン	10,000
ネパール	1,000
合　計	2,684,186

ＡＧＦの会議に参加した竹田恒徳によると、大会の簡素化を訴える日本の主張とはうらはらに、分担金額の交渉が先行し、サウジアラビア代表はアフリカ諸国に拠金を呼びかけることを提案し、あわや３Ａ大会（アジア、アラブ、アフリカ）になりかけたという。この背景には、アジア大会をＩＯＣに対抗する第三勢力の結集の場にするという動きがあり、中国もまたそれに乗り気だと見られていた。新参のアラブ諸国は目的のために手段を選ばず、ＡＧＦの憲章や理念などなきに等しかった。アジア大会が政治の道具となりつつある事態に、ＪＯＣの柴田《しばた》勝治《かつじ》委員長はアジアのスポーツ界で日本の役割は「従来のリーダーシップから、調整役への後退を迫られるだろう」と予想した。それは、ＡＧＦの要請を拒み続けた日本が支払わねばならない代償であった。

一九七七年六月、ＪＯＣはソリダリティー（連帯＝技術援助活動）委員会を設置した。アジア諸国にコーチを派遣し用具を援助するための組織である。一九七四年三月にもＪＯＣは平沢和重のイニシアチブでアジアスポーツ協力委員会の設置を決めたことがあるが、資金難で計画倒れに終わっていた。ソリダリティー委員会は、資金に恵まれないＮＯＣを援助するため、一九七一年にＩＯＣと各国ＮＯＣの合同組織として設置されたソリダリティー委員会に範をとったもので、第八回アジア大会開催を拒否したことの埋め合わせと考えられる。

ときあたかも福田《ふくだ》赳夫《たけお》首相がアセアン諸国を歴訪、各地で歓迎を受け、マニラで「心と心のふれあう相互信頼関係」を含む、いわゆる福田ドクトリンを表明していた。三年前に田中角栄首相がバンコクとジャカルタで反日暴動に直面したことを考えるなら、その成果は特筆すべきものだった。とはいえ、反日暴動の記憶は簡単に忘れ去られるものではない。東南アジアに駐在する日本人がスポーツを通じた民間外交に大きな期待を寄せたのは、そのためだった。

このようにアジア軽視が問題視されるようになったのは、アジアとの連帯が重要性を増したことが背景にあるだろう。そして、そのような連帯を要請したのは、アジアへの経済進出だったはずである。とするなら、JOCのソリダリティー事業は日本とアジアとの関係の変化を反映したものであり、スポーツ界はむしろそうした変化に追随したにすぎない。さらにいえば、JOCのモデルとなったIOCと各国NOCによるソリダリティー委員会も、台頭する第三世界諸国との関係の変化に対応したものであった。

オリンピックか、アジア大会か――イスラエル排除問題

一九七八年五月、イスラエルオリンピック委員会は第八回アジア大会（バンコク）に参加する意向を改めて表明した。六月、AGFは「警備上の配慮」からイスラエルを参加させないことを決定したが、これに対して、国際陸連はアジア大会の非公認という対抗手段に出た。もしそうなれば、アジア大会に参加した選手は、オリンピックなど国際陸連公認の大会への出場資格

を失うことになりかねない。

国際陸連がなんと言おうと、反欧米指向の強いＡＧＦでは、アジアのことはアジアが決めるという意見が圧倒的であった。オリンピックでの活躍を期待できないアジア諸国にとって、オリンピックは「遠いもの」でしかなかったのである。これに対して、オリンピック至上主義の日本は、アジア大会に参加することで次期オリンピックに参加できないという事態は避けたかった。「アジアとの連帯は何よりも大切だ。だが、オリンピックなど世界の舞台を目指してトレーニングに励んでいる選手の前途を、陸連が閉ざすような事態は絶対避けたい」というのが日本陸連幹部のホンネだった。日本陸連の青木半治会長はイスラエルとＡＧＦの調停役を買って出た。青木は開会式にイスラエルの役員二名だけを形式的に参加させてはどうかと提案したが、イスラエルはこれに全面的に反対、イスラエルの排除が決定した。

日本陸連はオリンピックをとるか、アジア大会をとるかの二者択一を迫られることになった。日本陸連としては当然オリンピックが大事であった。しかし、「問題は日本の陸上がアジアで孤立するというだけではすまなくなる懸念」があることだった。というのも、対日感情が微妙な動きを示している東南アジアで、タイが「アジア大会の危機を救うため」と、経済的な負担を負いながら、あえて三回目の大会開催を引き受けた事情を考えれば、日本陸上陣の不参加は「日本がアジアの総意にそむいた」との反発を生むだろう。文部省の筋からも「参加するかどうかは陸連自体のことだが、不参加の場合の社会的影響となると、陸上やスポーツだけの問題にとどまらない。一歩判断を誤るとアジアの対日感情など大きな問題に波及することも考えられ、日本体協、JOCなど関係者は慎重に対処してほしい」との要望が出されていた。

一一月二八日、日本陸連は「アジア大会開催に努力しているタイ国と、アジア陸上競技界の友好のため、また日本が不参加のために予想される問題を回避するために、あえて出場を決意した」と発表した。アジアとの連帯をとったのだ。一方で、日本陸連は国際陸連からの処分は軽いという見通しを持っていた。二二日に国際陸連のジョン・ホルト事務局長が「競技に参加した選手は自動的に八〇年モスクワ・オリンピックに出場できなくなるわけではない。復権を申請することは可能だ」と語っていたからである。

三度目のバンコクアジア大会

一二月九日からバンコクで第八回アジア大会が開かれた。中東産油国からの莫大な資金援助で開催され、「オイルダラー大会」とも呼ばれたこの大会で、最も注目を集めたのは中国選手団であった。中国は大会に日本と同額の分担金を負担しただけでなく、タイが日本に援助を依頼して断られた数千万円相当のスポーツ用具を提供していた。バンコクの日本人会が「なぜ相談してくれなかったのか」と残念がったが、後の祭りであった。競技面での活躍も目立った。

中国は五一個の金メダルを獲得し、日本の七〇個に迫った(前回は中国三三、日本七五)。

アジア大会の期間中、アジア・スポーツ最高評議会、アジア競技連盟総連合、アジア水連など、欧米に対抗しアジアの団結を固めるための組織設立に向けた動きが急速に進展したが、日本はただ呆然として、それを見守るしかなかった。アジアスポーツ界における日本の地位はもはや重要なものではなくなっていた。「キミは、いてもいなくてもいいよ」——日本はそんな存在になってしまったのである。

日本がアジアで孤立した原因はなにか。

「アジアは卒業した」という気持ちは競技団体にも強い。何かとモメごとの多いアジアのスポーツ界に、火中のクリを拾ってでも解決に乗り出そうとしない。こんども開催地が宙に浮いた。候補地はどこも財源難だ。そこで日本に引き受けてもらえたら、という希望が各国に高まった。が、冬季オリンピックの札幌再誘致ほどには、だれも熱心に動かなかった。選手や競技団体を責めるのではない。外交も経済も私たち一般の言動にも「アジアの卒業生」的な思い上がりがありはしないか。アジアの人たちは、敏感にそれを感じ取る。この十一月、国連の安保理非常任理事会の選挙で、日本は思ったほどアジア・グループの支持を得られず、バングラデシュに完敗した。オリンピックで日本選手の活躍にアジアのどの応援団からも拍手をもらう。そう、なりたいものだ。(『毎日新聞』一九七八年一二月二

二日)

要するに、アジアからの孤立というのは、日本のスポーツ界固有の問題ではなく、日本そのものの問題であった。経済進出をはかる日本がアジアに求めたのは、非政治的なアジアであった。しかし、現実のアジアは決して日本の思い通りにはならなかったのである。

日本陸上界が気にしていた国際陸連の処分は結局あいまいな形で済まされた。しかし、イスラエルを排除したアジア大会に対する国際スポーツ界の態度は依然厳しいものがあった。朝日新聞がIOC委員四四人に対して実施したアンケート調査では、「昨年(一九七八年)12月のアジア競技大会は、メンバーのイスラエルを警備上の理由で除外したまま強行しました。IOCはついに後援を見送りましたが、アジア競技連盟(AGF)の措置をどう思いますか」という質問に対して、以下のような回答が寄せられた。

けしからん。明らかにAGFは規則違反だ(一五人)

警備上の問題だけではないはず。大会運営費を援助したアラブ諸国などの圧力もあったと聞く。再調査が必要だ(一一人)

警備上、イスラエルの参加で開催が困難になるのならやむを得ない(五人)

その他(三人)

アジア大会への悪感情は中国のIOC復帰にも影響を及ぼすことになる。

4 中国のＩＯＣ復帰

テヘランアジア大会後の逆風

日本の孤立化が進むなか、中国はＩＯＣに復帰する。この二つの動きの間には、じつは密接な繋がりがある。時計の針を巻き戻してその過程を追ってみよう。一九七一年一〇月、国連は中国の合法的権利を回復し台湾を追放することを決定、これに反発した台湾は国連を脱退した。台湾が国連で「中国」を代表していたことは、ＩＯＣでも台湾に「中国」代表権を認める根拠の一つとなってきた。こうした状況の変化を受けて、中国は既存の国際スポーツ界のなかで、台湾を排除し中国の権利を回復する方針を立てた。一九七三年一月にナイジェリアのラゴスで開かれた第二回アフリカ競技大会に招かれた宋中《そうちゅう》と何振梁は、同大会に臨席したＩＯＣの新会長キラニンと接触、彼が前任のブランデージと違って、中国問題に理解があることを確かめた。

一九七四年のテヘランアジア大会を前に、国際スポーツ界は中国の包摂に積極的で、中国のＩＯＣ復帰も時間の問題と考えられていた。ただ、国際スポーツ界は台湾の排除にはなお消極的で、中国が「一つの中国」政策を修正しない限り、ＩＯＣへの復帰は難しかった。

アジア大会で中国の選手がイスラエルの選手との対戦を拒否したことは、国際スポーツ界にさらに悪い印象を与えた。アジア大会の一カ月後に開かれたIOC総会で、キラニン会長は、「対戦を拒否するくらいなら、はじめから競技に参加するべきではない」「オリンピックで対戦拒否をしたら除名する」と、中国やアラブ諸国を暗に批判した。

一九七五年三月より中国はスポーツ官僚をラテンアメリカ、アフリカ、ヨーロッパなどに派遣、中国のIOC復帰への支持を取り付けたうえで、四月九日にIOCに復帰の申請を行う。さらに四月中旬には中華全国体育総会国際部の朱仄《しゅそく》らが来日、JOC首脳にIOC復帰への支持を訴えた。JOC側は支持を約束したものの、「全七十八IOC委員の半数近くを占める欧州の委員の多くが〝一つの中国〟論に理解が乏しく、非常に難しい」と、台湾追放を掲げる限り復帰は困難なことを告げた。

中国の復帰は、翌五月にローマで開かれたIOCと各国NOCの合同会議で協議された。約四〇カ国のNOC代表が発言し、ラテンアメリカのすべての国、アメリカ、イギリス、オーストラリア、北欧が台湾追放に反対、アジア、アフリカ諸国が台湾追放に賛成した。中国が提出した申請書については、「中華全国体育総会が政府から独立した機関かどうかはっきりしない」「委員の選出についても十分な説明資料が欠けている」などの問題点が指摘され、申請書の不備を理由に結論が持ち越されることになった。いうまでもなく、申請書の不備は口実であって、問題だったのは台湾を追放するという条件であった。

モントリオール五輪の台湾問題

一九七六年七月、モントリオール五輪が開かれた。カナダ政府は、一九七〇年に国交を樹立した中国からの要請に従い、五月二八日付の書簡で、台湾の選手が「CHINA」という名称や中華民国の旗を用いなければ参加を認める、とキラニンIOC会長に伝えた。キラニンは六月八日付のカナダ政府あて書簡で、カナダ政府の措置がIOCの憲章に違反すると警告した。カナダ政府の行為は、一九六九年に「IOCに求められたすべての国内オリンピック委員会、スポーツ団体の入国」をカナダオリンピック委員会に保証した自らの約束をも破っていた。七月になって問題が表面化したとき、台湾のオリンピック委員会は、中華民国の名称と国旗のもとで参加すると宣言した。一方、北京の中華全国体育総会はIOCに対して、中華全国体育総会だけが「中国」を代表すると改めて表明した。

カナダオリンピック委員会はカナダ政府の措置を「重大かつ容認できない裏切り」と批判した。アメリカでも、台湾除外のさいはボイコットも辞さないとするアメリカオリンピック委員会と「台湾問題にかかわりなく、米国選手団は参加すべきだ」とするアメリカ政府が対立していた(四年後のモスクワ五輪では立場が逆転することになる)。

七月一〇日、キラニン会長とカナダ政府の間で初の会談がもたれた。IOC、各IF、各国

NOCは「台湾問題に決着がつかなければ、オリンピック開催を中止するほかない」との共同声明を出した。AP通信の調査によると、オリンピックに関わる二六のIFのうち、台湾の参加を支持しないのは、バスケットボールと重量挙げだけだった。IOCが大会中止のカードを切っても、カナダ政府は説得に応じなかった。スポーツ界とカナダ政府の間で板挟みとなったIOCは、「REPUBLIC OF CHINA」から「TAIWAN」に名称を変更し、IOCの旗のもとで参加するよう台湾に勧告した。台湾側はそんな馬鹿げたことがあるかと一顧だにしなかった。

一一日、IOC理事会は台湾問題の解決如何にかかわらずオリンピックを開催することを決めた。これは、カナダ政府の政治的差別を容認することを意味した。朝日新聞は「五輪ついに政治に敗北」と報じた。キラニンにとって「きょうはオリンピック史上、もっとも不幸な日」となった。頑固一徹の前任者と違って、キラニンは「妥協の人」「現実主義者」だった。一三日、IOC総会は理事会の決定を追認、その翌日に台湾はオリンピックの不参加を通告した。

ニューヨークタイムズは、オリンピックを悪用したとして、カナダ政府を批判、さらに四年後のモスクワ五輪で「ソ連は、いまや、きらいな国や未承認国を一九八〇年オリンピックから締め出すことができる、いい見本を持った。五輪精神の抜けがらとなり、イデオロギー闘争の場となったオリンピック。こんな有り様では、アメリカはオリンピックに参加すべきかどうか、再検討すべきだ」と評した。皮肉なことだが、モスクワ五輪でソ連はすべてのNOCを招待したにもかかわらず、アメリカ政府がボイコットを呼びかけ、オリンピックを悪用するのである。

一五日、キラニン会長はカナダのピエール・トルドー首相と電話で会談、名称はともかく、旗と歌は従来のものを認めてもよいとの譲歩を引き出した。IOCは新たな妥協案を示して台湾と交渉する一方で、開会式で加盟国あるいは地域の名前を掲げることを規定した憲章を臨時改正する手筈を整えた。強硬な姿勢を見せていたアメリカオリンピック委員会は、この妥協案を是とし、台湾の説得に回った。IOCはプラカードの上段に「TAIWAN」、下段に「ROC－OC」（中華民国オリンピック委員会）と表示する案を提示した。多くの関係者がこれで解決すると考えた。一六日のIOC総会では、今回に限り台湾選手団が台湾の名称、中華民国の旗と歌のもとで参加するとの決議が賛成五八票、反対二票、棄権六票で可決された。

しかし、台湾側はこの決定が政治介入を禁じたIOC憲章に沿わないとして、不参加を発表した。台湾のIOC委員徐亨は名称変更に同意していたが、中華民国オリンピック委員会の沈《しん》家銘《かめい》会長が本国に指示を仰いでください、アメリカも支持していることを伝えなかったため、「三欠一不可」（国名、国旗、国歌のうち一つでも欠けてはならない）との回答が示されたという。開会式には台湾選手団の姿は見えず、プラカードだけが行進した。そこには、「CHINE REP. DE」（中華民国）と書かれていた。IOCが意地を見せたのである。

カナダ政府は「カナダが一つの中国政策をくずさないのは当然のことで、スポーツに政治を持ち込む悪例になったとは思わない。むしろ、国名に固執するようなナショナリズムを排除したことは五輪にとって良い前例になったはず」とＩＯＣや台湾の対応を批判した。

台湾が今回頑なに「中華民国」の名称にこだわったのはなぜか。朝日新聞は、まもなく蔣介石の死後最初の国民党大会が開かれることになっており、蔣介石の後継者である蔣経国《しょうけいこく》が右寄りの長老派を意識して強い姿勢をとらざるをえなかったこと、アメリカ大統領選挙後に予想される米中国交正常化の動きを牽制する必要があったことを、その要因として挙げている。

一年後に朝日新聞が「大会開幕の土壇場で「中国か、台湾か」の二者択一を迫られたＩＯＣの内部に、ようやく中国問題への理解がしみわたりだしたといえる」と振り返ったように、モントリオール五輪はＩＯＣ委員に中国問題を解決する必要性を痛感させたのである。

ＩＦへの復帰

一九七六年九月九日、毛沢東が死去した。一〇年にわたって続いた文化大革命は終わりを告げ、翌年七月の第十期三中全会で鄧小平《とうしょうへい》が復権を果たした。一九七七年九月、大きな転換点を迎えていた中国をＩＯＣのキラニン会長、清川正二理事らが訪問した。キラニンは中国と台湾に第三者を加えて両国がともに参加できる方法を協議してはどうかと提案したが、中国側は「台湾は内政問題であり外国人の干渉は許さない」と拒否した。文化大革命が終わったとはいえ、「蔣介石集団」との「対話」はまだ論外だった。キラニンは中国の復帰にはなお時間がかかるとの認識を持った。キラニンと前後して、国際陸連のアドリアン・ポーレン会長も訪中した。ポーレンは翌年八月の総会で結論を出したいと中国の復帰に自信を持った。

事態が動き出すのは一九七八年に入ってからである。四月に国際陸連評議員会は中国問題を討議、台湾の名称を「CHINA」としない、中国に加盟申請を促す、という二つの勧告案を満場一致で可決した。台湾の除名については、賛成七票、反対五票、白票二票と票が割れた。この勧告を受けて、中国は七月二二日に国際陸連に復帰を申請した。一〇月の評議員会は、①中国を代表するのは中華人民共和国一つであり、中華人民共和国が国際陸連に再加盟する、②北京の「中国」と「台湾」のいずれも国際陸連のメンバーとする、という二案をまとめ、一〇票対九票とわずか一票差で①が採択された。翌日の総会は、四時間にわたる協議のすえ、賛成二〇〇票、反対一五三票で中国の復帰と台湾の除名が決まった。同じく一〇月には国際体操連盟が賛成多数で中国の復帰を承認した。

有力IFが台湾除名に踏み切ったことは、IOCにどのような影響を与えただろうか。このころ実施されたIOC委員四四名に対する調査によれば、中国問題の解決策として、国際陸連のように台湾除名、中国加盟を主張するものは七名にすぎなかった。一方で、台湾除名という中国の要求を受け入れるべきでないとするものも五名しかいない。「双方を説得して妥協点を探るよう努力する」が一六名と最も多く、台湾の名称変更を求めるものは六名であった。このアンケート結果を見て、川本信正は「台湾擁護の感情が、なお強く流れていることがわかる」とコメントしている。

米中国交樹立のインパクト

このアンケートが実施されてから結果が発表されるまでの間に、中国問題をめぐって大きな変化が起こっていた。第八回アジア大会開催中の一九七八年一二月一五日に米中国交樹立が発表されたのである。キラニン会長が「中国復帰問題に関係している人たちの考えを、明らかに切り替えさせずにはおかないだろう」と語ったように、アメリカが台湾との断交に踏み切ったことは、国際スポーツ界にも多大な影響を及ぼすと考えられた。朝日新聞は皮肉交じりに「政治からの独立を基本理念にしているオリンピック運動とはいえ、現実にそれを動かしているIOC委員は、やはり国際政治の動向に無関心ではいられないことをIOC会長自身が認めたことになるわけだ」と記している。

一九七九年一月一日の米中国交樹立によって、国際社会における中国の立場は、台湾と比べて圧倒的に有利なものとなった。この日、中国の全国人民代表大会常務委員会は「台湾同胞に告ぐる書」を発表し、台湾の平和的統一を呼びかけた。この呼びかけは、「学術、文化、スポーツ、技術の相互研究」のため交通や通信を開くことも求めていた。一月末には鄧小平が訪米、ジミー・カーター大統領との会談で、改めて台湾問題の平和的解決を確認した。劣勢に立たされた台湾は中国側の呼びかけを無視し、蔣経国総統はいわゆる「三不政策」(中国と接触、交渉、妥協をしない)で応じることになる。

中台関係の変化は、中国のIOC復帰を加速させた。一月の時点では、四月のIOC総会(モンテビデオ)で中国の復帰が認められるのではないかと予想されていた。その鍵となるのが一月末のIOC理事会(ローザンヌ)であった。中国からは中華全国体育総会の宋中秘書長がローザンヌ入りした。宋はIOC理事会に出席する資格はなかったが、関係者にIOC復帰への熱意を伝えた。理事会では、中国問題小委員会が台湾で実施した調査の報告が行われたが、緊急を要する議題が立て込んでいたため、中国問題の討議は三月のIOC理事会に先送りされた。

二月二〇日、中華全国体育総会はIOCに加盟申請書を提出した。申請書には「中国を代表する唯一の団体は、中華全国体育総会であり、台湾はその一部である」と記されてはいたものの、「台湾追放」の文字はなかった。一二月に出された共産党中央の台湾に関する新方針で、国際組織での戦略が「駆蔣」(台湾を排除する)から「徹銷台湾当局会籍」(台湾の会員資格を取り消す)に変更されたことを受けての修正であった。宋中によれば「台湾選手が台湾から直接、五輪開催地に行き、いっしょに参加する道を開くとともに、IOCに受け入れやすくするための字句修正」であった。

三月九日から二日間、ローザンヌでIOC理事会が開かれた。中国から宋中が招かれて特別参加した。まず中国問題小委員会の報告がなされたが、その内容は中国と台湾の双方を認めるという「二つの中国」論で、キラニン会長は「二つの中国論をむし返すのは、現実的な解決策とならない」と反対した。一方、それまで中国のIOC復帰を支持していたソ連のヴィタリー・スミルノフ理事は「重大な問題なので、慎重に検討すべきだ」と発言、中国支持派に釘を刺した。宋中が中国側の見解を述べたが、審議は行き詰まった。台湾のオリンピック委員会はIOCの調査員を通して、中国側と話し合う用意があることを伝えており、理事会に参加した宋中も話し合いに同意していた。これを踏まえて清川正二は中国と台湾の直接対話を提案し、支持された。事実上の問題先送りである。

中国・台湾「共存」の方式――名古屋決議

中国に有利だった国際情勢も、その後に変化が生じた。二月一七日、中国軍がベトナムに攻め込み、いわゆる中越戦争が始まる。この戦争をめぐって、ベトナムを支援していたソ連と中国との関係が悪化した。スミルノフがIOC理事会で中国支持の流れに釘を刺したのも、この情勢変化が影響していたのである。中国と台湾の直接対話は、台湾側の拒否で実現しなかった。

また一方で、前年一〇月の国際陸連(本部はロンドンにある)による追放は非合法であるとして、二月に台湾がロンドン高等裁判所に起こしていた訴訟の判決が四月二日に下され、国際陸連の決定は無効とされた(国際陸連はただちに「判決に拘束される」との見解を発表した)。さらに翌三日、中国が中ソ友好同盟相互援助条約を破棄、宋中は読売新聞の記者に対して「中国の立場は政治とスポーツは別というのが基本である」と苦しい答弁を強いられた。

このように、事態が刻一刻と動き続けるなかの四月四日、中国のIOC復帰を討議するIOC理事会がモンテビデオで開かれた。理事会では、統一チームを訴えた中国に対して、台湾側は、台湾には公式の場での中国との接触を禁じた法律があるので、統一チームに決まった場合、台湾はオリンピックへの道を閉ざされると訴えた。この新たな主張に理事会はとまどった。キラニンは理事会を説得して「(北京に本部を持つ)中国オリンピック委員会を再び承認し、台北に本部を持つオリンピック委員会を引き続き承認する、名称、歌、旗に関する手続きは検討のうえ協議する」という決議案を総会に提出することを認めさせた。台北のオリンピック委員会はもはや「中国」を代表しないというIOCのメッセージだった。

四月五日から三日間にわたって開かれたIOC総会(モンテビデオ)で、中国は柔軟な姿勢を見せた。「二つの中国」「一つの中国、一つの台湾」は承認できないが、暫定的な措置として、「中国台湾オリンピック委員会」「中国オリンピック委員会台湾分会」と名称を変更するなら、独立した台湾のオリンピック委員会の存在を認めると発言したのである。何振梁によれば、これは中国側の「最後の切り札」だった。

激論のすえ、決議案の前半を、「北京にある中国オリンピック委員会と台北にある中国オリンピック委員会を承認する」と修正し、名称、旗、歌を複数形に変えた決議案が賛成三六票、反対二八票で可決された。これは従来の「二つの中国」路線を踏襲するもので、中国と台湾の双方が名称、旗、歌を検討の対象とすることを意味した。台湾はこの決議を歓迎したが、中国にはとうてい受け入れられるものではなかった。

六月二六日からプエルトリコのサンファアンでIOC理事会が開かれ、ここでも引き続き中国問題が討議された。理事会は、北京のオリンピック委員会を「中国オリンピック委員会」と認め、台北のオリンピック委員会は従来の国歌、国旗と異なるものを用いることを条件に「チャイニーズ・タイペイ・オリンピック委員会」として承認するとの勧告案を定めた。IOC憲章は国と地域の参加を認めていることから、台湾を地域オリンピック委員会とみなすことで、名目上は「一つの中国」を維持したまま、中国と台湾がともに参加することを可能にした提案であった。中国はこれを歓迎したが、名称変更を強いられることになった台湾は受け入れを拒否した。

台湾は拒否したものの、中国と台湾の共存を可能にするサンファアン方式は、IFの中国加盟

表10　中国と台湾のIF加盟状況(1979)

中国のみ加盟	台湾のみ加盟	双方加盟	双方未加盟
陸上競技	水泳	アーチェリー	ホッケー
体操	ヨット	自転車	近代五種・バイアスロン
フェンシング	ボクシング	射撃	ボブスレー
バスケットボール	ハンドボール	サッカー	リュージュ
バレーボール	馬術		
重量挙げ	柔道		
レスリング	スキー		
ボート	自転車		
カヌー	射撃		
スケート	サッカー		
アイスホッケー			

にも影響を与えた。八月二〇日、国際アマチュア自転車競技連盟は賛成二六票、反対二五票の僅差でこの方式による中国の加盟を認めた。他の競技もこれに続いてゆく。

八月三〇日、国際水連は、IOC復帰が実現すれば、中国をモスクワ五輪に参加できるようにする特別措置をとると発表した。同日、北京を訪れていた国際サッカー連盟のジョアン・アベランジェ会長は、次の理事会で中国加盟を承認するとの見通しを示した（一〇月一三日の理事会で中国加盟が承認された）。一〇月三日には国際射撃連盟が中国加盟を承認した。

一〇月の時点で、オリンピック関連のIFへの中国と台湾の加盟状況は表10の通りであった。サンフアン方式で自転車、射撃、サッカーの中国加盟が認められたことで、形勢が一気に転換したことがわかる。

一〇月二三日からのIOC理事会（名古屋）に先立ち、キラニンは台湾を訪問した。ここに至っても、台湾側は

図21　IOC理事会(名古屋)．中央にキラニン会長，その左にベルリュー事務局長，清川副会長が並ぶ(体協時報363号)

あくまで従来の名称、国歌、国旗の使用を求めた。「台北にあるオリンピック委員会が政府からかなりの圧力を受けていることが、もう疑問の余地がないほど、はっきりとわかった」との印象をキラニンは受けた。

台湾はＩＯＣ理事会でも、開会式などでの国旗、国歌の使用を規定したＩＯＣ憲章をたてに、旗と歌の変更を拒否した。国歌、国旗と異なる歌、旗を用いることは確かに憲章に抵触し、憲章の改正には総会での承認が必要となるため、この問題は別途扱われることになった。このとき、すでにキラニンの考えは固まっており、そのことを理事たちも知っていた。

最終的に理事会は、「中国オリンピック委員会」の名称で中国が加盟することを認めた。台湾は旗と歌を変更し、「チャイニーズ・タイペイ・オリンピック委員会」の名称を用いるという条件で承認されることになった。国旗、国歌の変更ではなく、旗と歌の変更と表現されたことは、台い）。

湾側の要求に応えたものである（国旗と異なる旗を用いても国旗（＝国家）を放棄することにはならな

憲章の変更に関するこの理事会決議は、ＩＯＣ全委員による郵便投票にかけられることになった。そうしないとレークプラシッド冬季五輪にまにあわないからである。一一月二六日に開票され、賛成六二票、反対一七票、白票一票、無効一票、棄権八票で、一九五八年以来関係を断絶していた中国のＩＯＣへの復帰が正式に決まった。国際組織で中国と台湾の共存を可能にする名古屋決議の方式は「オリンピック方式」と呼ばれ、オリンピック以外の国際組織にも適用されていく。

「二つの中国」問題は、「スポーツと政治は別」との考えがなお根強いＩＯＣや一部ＩＦにとって、難問であり続けた。しかし、政治的問題を解決するには、政治を回避することによってではなく、政治的手段をもってするほかない。ＩＯＣがこの結論に達するまでに約三〇年を要したことになる。

スポーツと政治は切り離すことができない。だが、スポーツはどこまで政治と関わるべきなのか。翌年のモスクワ五輪はスポーツ界に大きな試練をつきつけることになる。

第3章

統合をめざして
——1980年代

北京アジア大会に参加するチャイニーズ・タイペイ女子選手団
(Life Images Collection, Getty Images)

1　アジアの連帯？――モスクワ五輪ボイコット

カーター大統領のボイコット発言

中国は一九八〇年のレークプラシッド冬季五輪でオリンピックに復帰する。夏季オリンピックへの復帰は一九八四年を待たねばならなかった。モスクワ五輪をボイコットしたからである。一九七九年一二月二四日、ソ連軍はアフガニスタンに侵攻し、以後約一〇年にわたって駐留を続ける。デタントの崩壊、新冷戦の開始である。

一九八〇年一月一日、ブリュッセルでNATO緊急会議が開かれ、ソ連に対する制裁として、モスクワ五輪のボイコットが提案された。これに対して、IOCや西側各国のオリンピック委員会関係者は「オリンピックへの政治の介入」として一斉に反発した。

一月四日夜、アメリカのカーター大統領はテレビ演説で、ソ連が軍事行動を続けるならば、アメリカはオリンピックへの参加を取り止めると警告した。アメリカの呼びかけにいち早く応じたのがサウジアラビアで、一月六日に不参加を発表、各国にもボイコットを呼びかけた。一月一五日には国連緊急総会がアフガニスタンからの外国軍の即時撤退を決議した。

アメリカは早くに日本に対応を打診していたが、日本政府は模様眺めをしていた。一月二〇日、カーターは「ソ連軍が今後一カ月以内に撤退しない場合、オリンピック開催地をモスクワ以外に変更するか、延期、または中止にすべきだ」としてボイコットを正式に表明、「他の国の同調を希望」した。大統領選のスタートとなるアイオワ州党員集会を翌日に控え、また世論調査でボイコット賛成が圧倒的多数となったのを踏まえ、より強硬な姿勢を打ち出したのである。期限を二月二〇日としたのは、二月一三日からアメリカのレークプラシッドで冬季五輪が開かれるのを念頭に置いてのことだった。それまでにアメリカがボイコットを決断すれば、東側諸国が冬季五輪をボイコットする可能性があったからである。

そもそもカーターはボイコットによってソ連軍がアフガニスタンから撤退するとは考えておらず、この年に本選を控えた大統領選挙のためのパフォーマンスだったと考えられている。大国の国内事情に、世界全体が引きずり込まれることになる。

一月二六日、アメリカオリンピック委員会が開催地を変更すること、さもなければ延期または中止することをIOCに提案するとの決議をした。アメリカには戦前の苦い経験があった。ドイツでのベルリン五輪に対して、ナチスのユダヤ人迫害への批判から国内でボイコット運動が起こったものの、結局参加し、スポーツによるプロパガンダに利用されてしまった。その轍を踏むわけにはいかない。

二八日、イスラム諸国緊急外相会議でもボイコット問題が話し合われ、加盟国に対して不参加の検討を求めることになった。

様子見の日本

オーストラリアなどを歴訪していた大平正芳《おおひらまさよし》首相は、一月二〇日午後に帰国、翌日午前にカーター発言について記者から質問された。大平は「第一義的にはオリンピック委員会の問題だ。世論の反応を見極めたい。アメリカの考えも理解できないわけではないが、日本としてはもう少し考えたい」と慎重だった。同日、大平首相、大来佐武郎《おおきたさぶろう》外相、谷垣専一《たにがきせんいち》文相、伊東正義《いとうまさよし》官房長官が会談、大平は「米国が参加しないとなれば片肺飛行みたいなものだ。日本が参加するのは難しいかもしれんなあ」と発言、ボイコットやむなしとの考えを示した。政府の方針は静観から不参加に転じたが、表向きは「各国のオリンピック委員会や政府の動きを見て、ＪＯＣと連絡をとりながら対処する以外方法はない」と、明言を避けた。翌日、自民党はボイコットを政府に申し入れ、読売新聞も二三日にボイコット賛成の社説を掲載した。二三日午後に開かれたＪＯＣ総会では、「参加を前提に当面、事態の推移を見守る」との従来の方針を確認した。

ここで日体協とＪＯＣの関係を説明しておこう。日体協の前身である大日本体育協会は、戦時中の一九四二年に大日本体育会に改組され、政府の外郭団体となった。戦後すぐに大日本体育会は民間組織に改まり、一九四八年の規約改正によって財団法人日本体育協会と改称した（さらに二〇一八年、日本スポーツ協会となる）。規約改正にあたって、日本オリンピック委員会を別組織とするのか、日体協の内部組織とするのかが議論され、協会内の国際スポーツ委員会が国内オリンピック委員会の役割を担うことになる。同委員会はヘルシンキ五輪後に日本オリンピック委員会（ＪＯＣ）に改組され、日体協の東龍太郎会長がＪＯＣ委員長に就任する。日体協は、一九八九年まで歴代会長は自民党関係者が続き、一九七〇年代からは文部省体育局の天下り先となるなど、政官界との関係が深かった。一九七九年度予算を見ると、収入総額三七億円のうち国庫補助が一四億円を占めている。「体協の事業は政府の片棒をかついでいる」という日体協専務理事飯沢重一《いいざわじゅういち》の言葉が両者の関係を端的に物語っているだろう。ＩＯＣは国内オリンピック委員会が政府の干渉を受けない自主独立の団体であることを求めているが、ＪＯＣは日体協からも政府からも独立した組織ではなかったのである。

アメリカから早期の態度決定を迫られた日本政府は、二八日夜にＪＯＣと秘密会談を開き、両者がそれぞれ見解を発表することにした。毎日新聞の大野晃によれば、この時点で両者は「不参加やむなし」で一致したが、国民に対し「政治からのスポーツの独立」と「官民一体」を堅持した印象を与えるため、「決定の形」をめぐっての綱引きが始まったという。ＪＯＣ首脳は真相を隠したまま「参加が前提」を繰り返し、選手たちの動揺を抑えたのだった。

二月一日夜に政府とJOCがそれぞれ見解を発表した。両者ともオリンピックは平和のもとに開かれるべきであるとして、政府は諸外国のNOCと連携して適切に対処することをJOCに求め、JOCは各国NOCと連携してオリンピックの趣旨を貫徹するようIOCに要請すると述べた。政府見解は、「政府の真意がどこにあるのか読み取れない」ものだったが、「不参加の言葉を使わずに」「現状では参加は無理ということを巧妙に表明」していた。この二つの見解が事前に調整したものだったことは明らかである。

ボイコット反対派は政府とJOCの連係プレーをどのように見ていたのか。清川正二は、来るIOC総会でオリンピックが「平和のスポーツの祭典」として開催されるよう各国NOCとモスクワの組織委員会に努力を求める提案をすることで、日本の参加が可能になると考えていたようである。清川提案はIOCの決議にも反映された。しかし、これで解決の糸口を見出せると考えたのはあまりに楽観的だった。キラニンはのちに当時の状況をこう振り返っている。

我々のような一つの国際組織が、自ら正しいと判断する道を進んで行こうとするのを、世界でもっとも偉大な民主主義国家といわれている国が、あれほどの権力と圧力を行使しながら、なり振り構わずに妨害に出てこようとは正直言って夢にも想像していなかった。

（ロード・キラニン『オリンピック激動の歳月』二六一頁）

二月六日の読売新聞はJOC関係者の意見を列挙した。そのなかで、安田《やすだ》誠克《せいこう》が「政府の見解はJOCの判断の何十分の一の要素にすぎない。あとIOCの結論、イスラム諸国や欧州諸国の考えなど、考えなきゃならない要素はいくらでもある」と語っていることに注意したい。イスラム諸国が挙げられるのに、アジアが挙げられていないからである。それもそのはず、外務省の把握するところでは、この時点で政府が不参加を表明していた国のうちアジアは中国、イラン、カタール、イスラエルの四カ国だったのに対して、イスラム圏は「二十数カ国」もあった。このイスラム圏がどこを指すのか定かではないものの、アジアの連帯が持ち出される状況でなかったことはたしかであった。また、この時点で不参加を表明していたNOCはアメリカ、サウジアラビア、ノルウェー、オーストラリアの四つにすぎなかった。

日本政府やJOCが気にする要素はほかにもあった。世論である。読売新聞は二月二三、二四日にオリンピックに関する個別面接調査を実施した。ボイコットに関しては、「ソ連がアフガニスタンから撤退しない限り、参加を見合わせるべきだ」が一九・八％、「五月の申込期日まで各国の様子をみて、アメリカはじめ友好国の多くが不参加の場合、参加すべきではない」が二〇・一％、「アフガニスタン事件など国際紛争の展開いかんにかかわらず、参加すべきだ」が三四・三％、「なんともいえない」が二一・三％、「答えない」が四・三％だった。この数字をどうとらえるかは人それぞれだろうが、記事に付された伊東官房長官のコメントは、参加すべきでないという意見が「相当ウエートが高い」と評価している。これに対して、三月五、六日に朝日新聞が実施した個別面接調査では、ボイコットに賛成か反対かという問いに、二二%が賛成、五五%が反対、その他・答えないが二三%だった。両紙の調査結果をまとめれば、ボイコットには原則として反対だが、現状では仕方ないということになろうか。

日本の世論について、読売は参加、朝日は不参加が優勢と報じたことについて、毎日新聞の大野晃は、読売の設問が「国際政治における現実的選択としてオリンピックをどう考えたかに重点がおかれ」、朝日の設問が「ボイコットの賛否」を問うものであったとし、読売新聞の報道に「政府の考え方に沿った世論操作の臭いが感じられた」と指摘する。いずれにせよ、これらの調査結果はボイコットへの態度を判断する決定的な根拠にはなりえなかった。

広がるアメリカの影響

三月下旬から情勢に変化が起こった。三月二五日にイギリスのオリンピック委員会が参加を決定し、ノルウェーやカナダの委員会もこれに続いたのである。

一方で、四月一二日、アメリカのオリンピック委員会が不参加を決定した。朝日新聞は社説「政治に屈した米五輪委決議」でアメリカを批判し、JOCの「自主独立」を求めた。読売新聞は社説「五輪精神を曲げているもの」で、「ソ連側のスポーツの政治化を非難せず米国のモスクワ五輪不参加のみを「政治的決定」と非難するのは片手落ちだ」と批判した。

四月一六日のJOC幹部会は、JOCとしての参加断念を決定し、個別参加に望みをつなぐことになった。参加を表明していたノルウェーが一九日に不参加に転じるなど、アメリカのボイコット決定の影響が広がるなか、二一日、日体協は緊急強化コーチ選手会議を開き、柔道の山下泰裕《やましたやすひろ》、レスリングの高田裕司《たかだゆうじ》らが涙ながらに参加を訴えた。現場からの強い働きかけを受けて、二三日にJOCは「原則参加」の方針を打ち出す。この時、JOCの柴田勝治委員長は「日本の態度決定時期はヨーロッパ、アジアの各国オリンピック委員会の動向を見た後」と発言、ここで初めて「アジア」への言及が現れた。

ところが、二五日に政府はオリンピック不参加の見解を表明する。大平首相が三〇日にアメリカへ出発する予定になっており、そのための布石であった。翌二六日のJOC総会は五時間余りの大激論となった。政府と競技団体との板挟みになったJOCは、オリンピックが「世界の若人が参集して、友好と平和のうちに開催されることを期待」して参加する、との原則を申し合わせた(これはIOCが掲げるオリンピック・ムーブメントの目的でもある)。清川正二は「政府に反省をうながし」という文言を入れることを主張したが、陸連の安田誠克らが反対した。

申し合わせでは「世界の若人が参集」することが条件とされたが、これは要するに他の国々、とりわけヨーロッパとアジアの国々がどうするかを見極めることを意味した。柴田委員長は記者会見で、「アメリカだけでなく、ヨーロッパの大部分、そしてアジア諸国がボイコットに踏み切った場合は、日本は出るべきだと思うか」と逆に記者団に問いかけている。安田誠克も「アジアの国の九〇％が不参加でも、日本は参加するのか」という意見だった。一方で、ヨーロッパについて、「西ドイツだけ不参加の場合は、判断に窮する」との意見もあった。

五月初めの段階で、不参加を表明したNOCは二六、アジアでは中国、イスラエル、マレーシア、パキスタン、フィリピン、シンガポール、サウジアラビア、イラン、バーレーンの九カ国だったが、ヨーロッパはノルウェー、モナコ、アルバニアのわずか三カ国であった。

五月三日、欧州オリンピック委員会連合が「政治色とナショナリズムを排除して参加」することを決定した。一五日に西ドイツが不参加を決定するが、結果的にヨーロッパは二七カ国が参加し、不参加は六カ国にとどまった。これに対して、アジアでは三日にパキスタン、一六日にタイと韓国、二〇日にインドネシア、二一日にフィリピンが正式に不参加を決めた。

ボイコットを主張する日本政府は、まず派遣補助費を打ち切る方針を示し、ついで公務員選手の参加禁止を決定、ダメ押しに日体協への補助金カットを示唆した。政府にとって気掛かりだったのは、翌月末に予定されていた参議院選挙への影響である。前年来のKDD事件が政治問題化し、五月一六日に野党が提出した内閣不信任案が自民党内の混乱もあって可決、六月二二日に衆参同時選挙が実施されることになった。政府としては、これ以上の求心力の低下はなんとしても回避しなければならない。政府の意図に反して日本がオリンピックに参加するようなことがあってはならなかった。これが、JOCに対する政府の圧力が高まった背景である。

しかし、ボイコットの是非を問う四度の世論調査では反対が過半数を占めており、実際にボイコットが行われれば国民の反発は必至であった。政府は名古屋五輪招致運動への支持を表明することで、ボイコットへの反発を少しでも抑えようとした。

JOCはアジアに安田誠克と佐野雅之《さのまさゆき》、ヨーロッパに福山信義《ふくやまのぶよし》を派遣して状況を探らせた。安田らは中国、フィリピン、タイ、香港、韓国を、福山はフランス、西ドイツ、イギリス、イタリア、スイスを回った。五月一八日に帰国した佐野は「アジア諸国は、単なる原則論で割りきれぬ国際環境のむずかしさがあり、不参加が大勢を占めそうだ。同時にアジアの団結を求める声があり、日本のリーダーシップが求められた」と報告した。一方、ヨーロッパの大勢は参加の方向だった。

五月二二日のJOC総会で、柴田委員長は「国内的には政府援助などを受けられない事態、国際的には米国、西ドイツ、中国、アジアの大勢が不参加の状況」をあげ、競技団体が費用を負担し少数精鋭で参加するとの考えを示し、二四日の臨時総会で最終的判断を下すことになった。二四日はナショナルエントリーの締め切り日で、それ以上先延ばしはできない。

日本の決断――政治の中の「アジア」

五月二四日午前、ＪＯＣ臨時総会に先立ち日体協臨時理事会が開催され、「政府の真意を聞きたい」という日体協からの要請で伊東官房長官が参加した。伊東は日体協河野会長とＪＯＣ柴田委員長の間に座る。この席次がすべてを物語っていた。理事会には、異例なことに、ほかにも文部省体育局長柳川覚治《やながわかくじ》、外務省情報文化局長天羽民雄《あもうたみお》、文部省体育局スポーツ課長戸村《とむら》敏雄《としお》ら政府関係者がオブザーバーとして出席していた。

まず佐野、安田、福山がアジアとヨーロッパの情勢を報告した。安田が「アジア諸国はほとんどが不参加。しかも日本がそのリーダーシップを取るべきだとの声が強い」と報告すると、伊東官房長官は「我が意を得たりとばかりうなずいた」。最後まで様子見をして「リーダーシップ」をどう発揮するつもりなのか、冷静に考えればおかしいのだが、ボイコット賛成であればなんでもよかったのだろう。

その後、報道陣を締め出して会議が続けられた。伊東は政府のホンネとして不参加を要求、日体協側からの質問に答えたあと、退場した。

ボイコット賛成派は、アジアの連帯をその論拠とした。「アジアのなかの日本ということをもっと考えるべきだ」(山口久太)、「アジアの動向を踏まえて、ＪＯＣに強く要望してはどうか」(近藤天《こんどうたかし》)、「アジアの仲間を見殺しにすべきでない」(青木半治)。アジアが強調されたのは、ヨ

図22　5月24日のJOC臨時総会(五輪ボイコット，115頁)

ーロッパの主要国が政府の反対を押し切って参加を決断したからだろう。「JOCがナショナルエントリーを提出することに反対する」との決議文が配布されて、理事会は終了した。理事会に出席した理事二二人のうち、ボイコットに反対したのは大西鉄之祐《おおにしてつのすけ》（ラグビー）と黒田善雄《くろだよしお》（スポーツ医学）の二人だけだった。

午後二時半からJOC臨時総会が開かれた。ここにも、文部省体育局長柳川がオブザーバーとして出席した。冒頭、日体協専務理事飯沢重一が理事会の決議文を朗読、これを「重要なる資料のひとつとして判断の糧にしていただきたい」と付け加えた。JOCの柴田委員長は「参加するかしないかはJOCが独自に決めるという原則に立っている」ことを確認したうえで質問を受け付けた。序盤はJOCのJOCの独自性について議論が交わされた。ボイコット賛成派は、日体協の下部組織であるJOCが日体協の制約を受けるのは当然だと主張した。日体協は政府から多額の補助金を受け取っており、JOCが参加を決めた場合、政府補助金にどのような影響があるかについて、柳川とJOC委員の間で質疑応答があった。安斎実《あんざいみのる》が指摘したように、要するに「政府から補助金をもらっているのだから、政府の言うことを聞け、聞かなきゃ金はやらんぞ」ということだった。

このあと、山口久太がアジアの問題を持ち出した。「アジアの国の調査をしてみたら、アジアの参加が一番少ない。アジアには弱い国、貧困の国がソ連と国境を接している。それらの国々はいつ、どういう形でやられるかわからないという危機感を持っていると思う。アジアの友を見すててまでわれわれは参加しなければならないのか」。安田誠克もアジアに論拠を求めた。一九七八年のアジア大会に日本陸連が国際陸連からの処罰を覚悟で参加に踏み切ったのは、「われわれはアジアの仲間である、アジアの一員である、アジアは仲良く手を握っていかなければならない」からだ。そのアジア大会後のJOC会議で、「オリンピック至上主義であっては、今後日本はアジアから遊離してしまう、浮き上がってしまう。だからアジアに根をおろそうではないか、アジアと連帯感を深めていこうではないか」との話があり、JOCがこれを了承したことを参加者に思い起こさせた。

日体協の決議に従うという意見が大勢となるなかで、清川正二と大西鉄之祐は抵抗を続けた。大西が「今日の問題は、体協ならびにJOCの日本の将来のスポーツに関する政策の根本問題について、政府が干渉してきたということだ」とまたもや原則論に立ち戻ると、日体協の河野謙三会長が「政府が干渉した覚えがあるか……でたらめを言っちゃいかんよ。政府が何を干渉したんだよ」と怒号を発する一幕もあった。でたらめを言っているのは河野のほうだが、大西は先輩である河野に反論しなかった。代わって山本房生《やまもとふさお》が「文部大臣から、補助金は出さないと言われたということがある。私はこれは政府の干渉と理解する」とフォローすると、「その通り」と叫ぶ声があがった。

いよいよ終幕が近づき、柴田が自身の見解を披露する。アメリカ、西ドイツだけでなく、「アセアン諸国をはじめ、アジアの大半が、インドと二カ国ぐらいの中近東を除いて、ほとんど不参加であるという現実」があり、アジアにおける日本の立場を考えると、ナショナルエントリーは不可能だ、と柴田は語った。結果的に、アジアの参加国は一四、不参加国が一五だったから、「アジアの大半」が不参加という柴田の認識は誤っているが、中国、韓国、フィリピン、インドネシア、タイなど日本と関係の深い国々がボイコットしたのは事実であった。

最後に挙手による投票が行われ、賛成三一票、反対一三票でボイコットが決まった。その後にJOCが出した声明書にはこんな一節があった。「内外の諸情勢をふまえ、アジア・スポーツ界の一員としての立場を考え、今次大会には、日本代表選手団の編成を取り止め、ナショナル・エントリーを行わないことを決定した」。

一連の過程を振り返ってみると、ボイコットとアジアが結びつけられたのは、四月下旬以降のことである。ヨーロッパ諸国がこぞって参加へと舵を切るなかで、対米従属という批判をかわすためにも、不参加が多かったアジア諸国との連帯が次第に論拠とされていった印象が否めない。アジアの連帯は、アジアからの孤立に危機感を募らせていた日本のスポーツ関係者にとって、ボイコットを正当化するのに十分な論拠だと思われたはずである。

汚点——ボイコットしかなかったのか

モスクワ五輪の四年後にソ連・東欧諸国がロサンゼルス五輪をボイコットしたあと、清川正二はモスクワ五輪のボイコットを決めたJOC臨時総会に出席していた委員にアンケートをとった。彼らの多くが、ボイコットという手段に意味はなく、すべきではなかったと考えていた。

JOCの柴田委員長のホンネがどうだったかは気になるところである。柴田の片腕だった岡《おか》野俊一郎《のしゅんいちろう》によれば、政府の圧力が強まっていたとき、柴田が「おまえ、選手をいかせてやれ。なんか方法を考えようよ」と漏らしたという。JOCはオリンピックに参加するために設立された組織である。ボイコットは自らの存在意義を否定するような行為であった。一方で、JOCの上部組織である日体協はボイコットを支持していた。理想と現実、スポーツと政治の板挟みの状況で、柴田はボイコットを選択したようである。

柴田には意地があった、とボイコットに批判的だったジャーナリスト大野晃は言う。松瀬学にインタビューされた大野は、自身が柴田を取材したときのことをこう語った。「〔柴田は〕もむまでもんで、政府のほうの痛みも引き出す、と漏らした。ボイコットがどれほど重要なものかを、政府の連中にわからせなきゃいけなかったのだ」。

現実を選択した柴田にとって大事なものは何だったのか。柴田はボイコットまでの経緯を次のように語っている。

文部大臣、外務大臣、官房長官とも会ったが、それぞれ「ソ連を制裁するために、参加しないことが望ましい」と希望を述べるだけで、命令は一切なかった。その点は〝スポーツと政治の関係〟を政府サイドもわきまえてくれていた。しかし、ぎりぎりの時点での選択は「日本国民のひとりとしてのスポーツマンである」という判断である。河野謙三体協会長は、「スポーツと政治を混同してはならないが、スポーツが政治に無関心であってはならない」と強調された。私個人が責任を負って済むことなら、自分の身と引き換えに、選手のために、喜んで参加のサインも辞さないが、ことは国益に関することである。涙をのんで不参加を決めた夜、私は自分の意思に反した決断を下す苦しみを、骨の髄まで味わい続けた。（柴田勝治『新世紀に向けて』一九七―一九八頁）

柴田はスポーツマンとしての前に、日本国民であった。彼はスポーツマンとしてではなく、日本国民としてボイコットの判断を下した。彼にとって大事なのはスポーツの理想ではなく、国益だった。好意的に解釈すれば、その後政府がＪＯＣにボイコットを迫るようなことはなかったから、ボイコットの重みを理解させるという目的は果たしたのかもしれない。

スポーツが政治に無関心であってはならないという河野の発言はその通りである。しかし、それはスポーツが政治に従属することを意味しているのではない。ましてや政治を補助金に矮小化してはならない。締め切り直前まで様子見を続け、閣僚や官僚を招いて決定を下すのではなく、まずはスポーツ関係者がスポーツ界の考えをまとめ、政府と交渉するべきではなかったか（ただ、日体協の会長が河野謙三であることが象徴するように、スポーツ界と政界は簡単に切り離せるものではない）。確かに、柴田は「もむまでもんで、政府のほうの痛みも引き出す」とは言っている。ただそれは、ボイコットという結論ありきの交渉であった。その日本政府も、この問題について真剣に考えたのではなく、アメリカ大統領のいいなりになったにすぎない。そして、そのアメリカ大統領の目的が、大統領選挙での勝利だったとしたら、いったいモスクワ五輪ボイコットとはなんだったのだろうか。

結局のところ、ボイコットはあれだけ騒がれたわりには、たいした成果をあげられなかった。ソ連軍はアフガニスタンから撤退せず、カーター大統領は再選されなかった。そのカーター大統領との約束を守ることに固執した大平首相は、モスクワ五輪の開幕を見ずに急逝した。モスクワ五輪は八八カ国が参加（六六カ国が不参加）、さまざまな問題はあったにせよ、無事開かれた。

では、もし日本政府やＪＯＣの意向にもかかわらず、モスクワ五輪に選手を派遣する競技団体があればどうなったか。ＪＯＣ委員の林克也《はやしかつや》は「オリンピックが終わったら、政府は何も言わないですよ。政府が処分を出したら、世論は選手に同情します。ＪＯＣは協会を処分するかもしれない。謝れと。おそらく、それだけですよ、それだけ」と松瀬に語っている。おそらく、その通りだろう。

清川正二はＪＯＣのモスクワ大会公式報告書でこう総括した。

日本のスポーツ界はモスクワ大会をボイコットしたことにより、過去八〇年かかって築いた日本スポーツの光輝ある歴史と、これに対する世界のスポーツ界の信頼が一朝にして潰え去ったとはいわないまでも、大きな汚点を残したということである。これを修復するには、今後よほどの努力と年月が必要とされると思われるのである。そのためには『オリンピック・ムーブメントの理念』を今一度思い直し、ＪＯＣなりの『哲学』を持つ必要がある。その上にたってＪＯＣの組織と運営に関しては真剣な再検討がなされねばならないと思う。（清川正二『スポーツと政治』一三四―一三五頁）

清川は「アジアの連帯」論に対して、「アジアとの連帯も必要だが、世界の連帯も重要である」と反論した。さらに清川は、選手はだめでも競技役員や審判でも出すべきだったと述べている。

これは正論だろう。もしそうしていれば、名古屋五輪が実現していたかもしれない。

柴田のような現実主義者からすれば、清川は浮世離れしていただろう。「オリンピックは理想主義運動。現実離れしたことばかりいっているといわれるが、理想を掲げなければ行き先を誤る」とは清川自身の弁である。オリンピックから理想を除けば、なにが残るだろうか。オリンピックをオリンピックたらしめているものはなにか。IOC副会長の清川にはよくわかっていたのである。

図23　IOC総会(モスクワ)でサマランチ(左)と話す清川(オリンピックと60年，193頁)

2　ソウル五輪への難路――中・韓・北朝鮮の政治力学

幻の名古屋五輪

第二章第4節でみたように、中国承認の決議がなされたのが名古屋におけるIOC理事会

（一九七九年一〇月）だったのは偶然だったが、名古屋でＩＯＣ理事会が開かれたのには訳がある。オリンピック招致を目指していた名古屋は、豊橋出身のＩＯＣ理事清川正二の提案で、ＩＯＣ理事会を招致して理事たちに名古屋をアピールしようと考えたのだった。

愛知県知事仲谷《なかや》義明《よしあき》が、中部圏の振興を目的に、名古屋五輪招致の計画を発表したのは一九七七年八月二五日のことだった。一九八〇年四月、政府はようやく名古屋五輪に関する本格的検討を始める。前節で述べたように、ボイコットに対する国民の不満をやわらげ、六月に控えていた参院選（実際には衆参同日選挙となった）を有利に戦うためだった。選挙期間中に大平首相が死去し、その後を受けて成立した鈴木《すずき》善幸《ぜんこう》内閣は、「極力、簡素な大会にすること」を条件に名古屋五輪招致を承認した。一一月、名古屋は正式にオリンピック開催地に立候補した。

ライバルはソウルだったが、名古屋が圧倒的に有利とされており、開催地を決定する投票を前に、名古屋の関係者は「名古屋にどれだけ積極的な支持票が集まるかが今後のオリンピック準備に大きな影響をもつ」と、まるで勝つことが前提のような話しぶりだった。ソウルの関係者は自信がなく、大韓体育会理事の金《キム》澕《ジプ》などは、清川に対して「もし、アジア大会開催権獲得に対して韓国を支援してくれるならば、ソウルはオリンピックの開催希望をとりやめる」と申し出ている。清川がこの提案に応じていれば、名古屋五輪が実現していたかもしれない。

一九八一年九月三〇日のＩＯＣ総会（バーデンバーデン）で投票が行われ、五二票対二七票でソウルの圧勝に終わった。名古屋の敗因はなんだったのか。

名古屋では大規模なオリンピック反対運動が起こっており、反対派はバーデンバーデンに乗り込んで活発な運動を展開していた。招致の関係者は反対運動の影響について否定的だが、ジャーナリストのデヴィッド・ミラーは「名古屋からきた環境保護運動家たちが静かなラインラントの温泉通りを反対行進したため、IOC委員の考えが変わったことは疑いない」と主張する。名古屋のオリンピック招致は行政と財界が主導し、市民が不在であるとの批判がそれまでもたびたびなされていた。もし市民の理解を得ることにもっと注意を払っていれば、反対派がバーデンバーデンに乗り込むことはなく、結果も変わっていたかもしれない。

名古屋は地元すらまとめることができなかったが、ソウルは政府が主導し、国の総力を挙げて招致運動を行った。韓国のIOC委員金雲龍《キムウンヨン》は、今回の招致合戦がソウル対名古屋ではなく、韓国対名古屋だったと総括している。競技施設の建設もソウルが名古屋をリードしていた。

最大の要因は、日本がすでに夏と冬のオリンピックを開いていたことだった。清川はこう分析する。投票前に開かれたオリンピック・コングレスで、オリンピックの会場をギリシアに固定する案が検討され、「できるだけ地球の隅々にまで持ち回って開催する方がよい」という結論に達した。そのさい「将来のオリンピック大会はこれまでまだ一度も開催したことのない新しい国にやらせる方がよい」ということが一種の合言葉となって、投票に影響した、と。

一方、朝鮮半島が政治的に不安定であることはソウルの最大の弱みだった。名古屋はこの点を衝いて、招致演説で政治的安定を強調したが、これがかえって「大国意識をちらつかせすぎる」と反発を呼んだ。ソウルは招致演説で政治の不安定を率直に認め、だからこそオリンピックを開催することで、世界の平和に貢献できると主張した。一年前のモスクワ五輪では西側諸国のボイコットを見た。三年後のロサンゼルス五輪では東側諸国のボイコットが予想された。冷戦の最前線であるソウルでオリンピックを開くことができれば、オリンピックを危機から救えるだけでなく、本当に世界平和に貢献できるかもしれない。少なくとも、それは名古屋には不可能な役回りだった。IOC委員はソウルの可能性に賭けることにしたのである。

アジア大会とオリンピックの開催は、韓国の競技力を大きく向上させる。一九六一年の軍事クーデタで韓国の最高権力者となった朴正熙は、国威発揚の道具としてスポーツを重視した。一九六六年に国立のトレーニング施設である泰陵《テルン》選手村が設立され、同年末のアジア大会で韓国はメダル総数二位に浮上した。一九六八年には大韓体育会、KOC、大韓学校体育会が統合され、一九七二年にはメダリストの年金制度が導入されるなど、国家主導のスポーツ政策が次々と打ち出された。だが、オリンピックの金メダルにはなかなか手が届かず、一九七六年のモントリオール五輪でレスリングの梁正模《ヤンジョンモ》がようやく最初の金メダルを韓国にもたらした。一九八二年のアジア大会で韓国は二八個の金メダルを獲得したが、まだ日本(五七個)の半分ほどでしかなかった。それが一九八六年のアジア大会では韓国九三、日本五八と逆転し、韓国が中国に次ぐアジア第二のスポーツ強国となった。もし名古屋がソウルに勝っていれば、韓国の台頭はもっと遅かったはずである。

中国、韓国の躍進は日本スポーツ界に多大な危機感を抱かせた。モスクワ五輪以来、清川正二はＪＯＣの独立を訴え続けたが、うやむやにされてきた。日体協を動かしたのは、ソウルアジア大会とソウル五輪での成績不振だった。一九八九年三月の日体協理事会でＪＯＣの法人化が認められ、一九九一年四月にＪＯＣは日体協から分離独立する。

中韓交流の開始

ソウルがオリンピック開催地に選ばれた直後、中国国家体育運動委員会は韓国とのスポーツ交流をテーマとする会議を開いた。交流のない韓国でオリンピックが開かれればボイコットするほかなく、ソウル五輪をボイコットするのが中国と北朝鮮だけであれば、中国はふたたび孤立を免れない。このような状況分析から、ソウル五輪に参加するために、韓国との民間交流を促進することになった。まず韓国を中国に招待し、ついで中国が韓国の大会に参加し、最終的にオリンピックに参加するという手順だった。

韓国の朴正煕政権は一九七三年に「平和統一外交宣言」で共産主義諸国への門戸開放を掲げ、

中国との関係改善に乗り出していたが、中国は応じなかった。中韓間の民間交流は、一九七八年一二月に中国朝鮮族の韓国への里帰りという形で始まる。文化大革命終了後、中国の外交が政治・革命から経済を重視する方針に転換、中国側も韓国との関係改善を望むようになるなか、北朝鮮を刺激する可能性の低い人道的な事業から交流が始まったのである。それでも中国は、北朝鮮との関係を損なわないよう、韓国との関係改善には慎重な姿勢をとっていた。

一九八二年に中国政府の対韓国政策が調整され、韓国人を中国国内の大会に招請することが可能になった。一九八三年五月、中国民航機がハイジャックされ、在韓米軍基地に着陸する事件が起きた。この事件の処理の過程で、相手を「南朝鮮」「中共」と呼んできた中国と韓国が、初めて相手を「大韓民国」「中華人民共和国」と呼び、互いが国家であることを認めた。韓国にとって、これは三年後のソウルアジア大会に中国を参加させるための布石であった。中国にとっては、アジア大会開催の大きな障害であった韓国の参加に見通しがついたことになる。八月、中国は第一一回アジア大会（一九九〇年）を北京で開催する申請を行った。一一月、アジアバスケットボール連盟が翌年のアジア女子バスケットボール選手権大会とアジアジュニアバスケットボール選手権大会をそれぞれ上海とソウルで開催することを決定、アジアテニス連盟総会も翌年三月のアジアジュニアテニス選手権大会を広州で開催することを決定、中国は「すべての会員国の入国許可」に同意した。

Davis Cup Diplomacy Could Blossom With the 1988 Olympics

China's Quiet Courtship of South Korea

By CHRISTOPHER WREN

PEKING — China likes to call its relations with neighboring North Korea as close as lips and teeth, but Peking seemed to be taking a step in another direction early this month when a South Korean tennis team visited the southern Chinese city of Kunming for a Davis Cup match with a Chinese team.

It was not quite the ping-pong diplomacy of 1971, when a visit by American table tennis players presaged the eventual normalization of relations between China and the United States. Yet the significance of eight South Koreans hitting tennis balls on the Chinese mainland was not lost in a country where virtually every action is weighed for its political effect. Japanese Prime Minister Yasuhiro Nakasone told a parliamentary committee last week that the Kunming tennis match was a significant event in Asia and indicated that he would urge more exchanges between China and South Korea during his visit to Peking later this month. In Seoul, Lee Won Kyung, the South Korean Foreign Minister, predicted that further nonpolitical contacts would be a natural trend.

The South Korean presence went conspicuously unreported in the official Chinese press until China's 4-1 victory last Sunday was tersely noted by the New China press agency. The event was held far from the capital though Kunming, at 5,700 feet above sea level, may have been picked to give the acclimatized home team an advantage. The low profile accorded the visit was consistent with China's desire not to upset North Korea, and particularly President Kim Il Sung, whose blatant cult of personality has otherwise been hard for the Chinese leadership to swallow. But the tennis competition suggested that contacts with the south would continue, not least because of mutual concern about the stability of the Korean peninsula.

The old hostility of the Korean war, when Chinese "volunteers" fought for the North, has given way in recent years to a pragmatic coexistence. Chinese-South Korean trade through Hong Kong climbed, by some estimates, as high as $500 million in 1980, as Chinese anthracite coal was sold for South Korean television sets and synthetic textiles. The Chinese side curbed such indirect commerce two years ago, partly because North Korea complained but also because China started producing more of its own consumer products.

The first official contacts took place last May when a delegation from the China Civil Aviation Administration went to Seoul for amiable discussions that led to the return of a hijacked Chinese airliner with its crew and passengers, though not the hijackers. In August, South Korea began letting Chinese airliners fly over its territory on the way to Japan.

Peking has insisted that contacts remain otherwise unofficial. A few South Korean delegates attended international conferences in China last year, and some tourists have come to see relatives among China's ethnic Korean minority. Chinese officials have gone quietly to South Korea to look at its considerable industrial development. Such exchanges have involved little more than a few dozen people.

By contrast, China publicizes its embrace of North Korea, which it wants to prevent from drifting into the Soviet orbit. China routinely endorses North Korea's demands for a withdrawal of American troops from the south and has supplied the North Koreans with MIG-21 jet fighters as well as raw materials. It has supported Pyongyang's call for a meeting between the two Koreas and the United States on reunification while refusing to be involved itself.

Peking's caution reflects its concern about the risk of another war on the Korean peninsula. China has pledged to aid North Korea, but such hostilities would harm the Chinese modernization campaign and disrupt efforts to get advanced technology from the West. China's party secretary, Hu Yaobang, said in Tokyo last November that Kim Il Sung had assured him that the North would never invade the South, confirming reports that China had urged restraint.

Further contacts between China and South Korea seem inevitable because Seoul is the host of both the 1986 Asian games and the 1988 summer Olympics. The Chinese coyly refrained from saying whether they would attend, but they are not likely to pass up such opportunities to display their growing athletic prowess. A Chinese sports minister is expected at an Olympic council meeting in Seoul next month.

Both countries have motives for making at least a tacit peace. South Korea welcomes any opportunity to outflank the North as well as enhance its own security. For China, any contact at all helps to drive a wedge between Taiwan and South Korea, the only significant Asian country that maintains diplomatic ties with the Nationalist regime in Taipei.

Yet there is little prospect that the thaw will lead to formal Chinese recognition of South Korea so long as China feels compelled to placate North Korea. Peking's loyalty was sorely tested last October after North Korean agents blew up a South Korean delegation in Burma, killing 17 officials. Rangoon severed diplomatic relations with North Korea, and most other Asian countries joined in blaming Pyongyang for the bombing. China, in the best tradition of lips-and-teeth, kept its mouth shut.

United Press International

Tennis players from South Korea and China at a match in Kunming, China, earlier this month.

図 24　昆明でのデビス杯東洋ゾーン準々決勝を報じる英字紙
(*The New York Times*, March 11, 1984)

中韓スポーツ交流の第一弾は、一九八四年二月、テニスのデビス杯東洋ゾーン準々決勝だった。中国と韓国が準決勝進出をかけて対戦することになり、中国は第三国である香港での開催を国際テニス連盟に提案した。しかし、ホーム・アンド・アウェー方式を求める国際テニス連盟の圧力と、北京へのアジア大会誘致を考慮して、昆明での開催を決断した。中国側の既定の方針どおり、まず韓国を中国に招いたのである。韓国選手団は会場での国旗掲揚、国歌吹奏と、「大韓民国」もしくは「Republic of Korea」の名称の使用を要求した。中国側は「Korea」の名称の使用を認めたが、国旗掲揚と国歌吹奏は拒否した。大会会場は昆明中心部から遠く離れた場所にあり、観客もすべて関係者で、試合に関する報道も控えられた。

　中国が中韓スポーツ交流の序幕を飾るこの試合をなるべくひっそりと行おうとしたのは、北朝鮮の反発を恐れたからである。実際、北朝鮮は平壌で中国大使に正式に抗議、中国側は「中国と南朝鮮のスポーツ交流の枠組みの中で行われるものであり、政治的な関係発展まで考えていない」と弁解した。中韓の接近で孤立する恐れが出てきた北朝鮮は、ソウル五輪での南北統一チーム結成を協議する南北会談に応じることを決めた。

中韓交流に熱心な韓国側とは対照的に、中国はなお慎重な姿勢を崩さず、ソウルアジア大会への正式な参加表明を引き延ばした。一方で、一九八四年一〇月に中朝スポーツ交流協定を結ぶなど、北朝鮮への配慮を怠らなかった。

一九八六年四月、ソウルで各国オリンピック委員会連合総会が開かれ、ソ連をはじめ共産圏諸国も参加した。これによって、ロサンゼルス五輪のような大規模なボイコットは避けられる見通しがついた。共産圏のボイコットをほのめかして、南北会談に強い姿勢で臨んでいた北朝鮮は苦しい立場に追い込まれた。中国がアジア大会にエントリーし、参加を表明したのはその一カ月半後、アジア大会開幕の三カ月前だった。

暗礁――南北共同開催の挫折

一九八六年九月一日、北朝鮮はソウルアジア大会への不参加を公式に声明した（ほかにも、ビルマ、モンゴル、ベトナム、ラオスなど八カ国が政治的理由で大会に参加しなかった）。その二週間後、ソウルの金浦《キンポ》国際空港で爆弾テロ事件が起こった。中韓接近で孤立しつつあった北朝鮮がアジア大会の開催を阻止するために起こした犯行だった。中国は韓国に大選手団を送る一方で、北朝鮮に李先念国家主席を送り、北朝鮮の不満解消に努めた。

翌一〇月、北朝鮮の金日成主席がモスクワを訪問した。金はゴルバチョフ書記長に、「ソウルオリンピックに、ソ連は参加してはならない。ソウル五輪は、朝鮮半島の分断を固定化しようとする国際的帝国主義の陰謀だ」とボイコットを持ちかけたが、拒否された。そこで今度はオリンピックの南北共同開催への協力を求めた。

ソウル五輪で南北統一チームを結成するための第一回南北会談は一九八五年一〇月にローザンヌで開かれた。ここで南北共同開催案についても検討されたが、IOCが提示した一部競技を平壌で開催するという案と、北朝鮮側が主張する共催案（半分ずつ開催）の溝を埋めることができず、物別れに終わった。一九八六年六月の第三回会談で北朝鮮は二三競技中六競技の実施でよいと大幅に譲歩した。ソウル五輪での共産圏によるボイコットの可能性が低くなったことが原因だろう。ソウルアジア大会後の一〇月に予定されていた第四回会談は、北朝鮮がアジア大会に参加しなかったため、開かれなかった。その後、ローザンヌで北朝鮮とIOCの間で会談が開かれたが、北朝鮮は八競技の開催を要求、交渉は暗礁に乗り上げた。

一九八七年二月、北朝鮮はIOC案を原則として受諾、個別の問題に関する協議を求めた。最後の南北会談は七月に開かれたが、北朝鮮で開催する競技の数と種類で折り合うことができなかった。この間、北朝鮮は競技施設の建設を進め、できるだけ有利な条件で開催しようと考えていたようであるが(これらの施設は一九八九年七月の世界青年学生祭典で使われる)、北朝鮮の瀬戸際外交は、韓国やIOCに不信感を与えるばかりだった。一九六〇年代の南北会談と構図が逆になったわけだが、これは北朝鮮と韓国の立場が入れ替わったことを意味する。

翌年一月四日、ソ連がソウル五輪に参加すると発表した。さらに一一日には、ソ連オリンピック委員会のマラト・グラモフ委員長が、北朝鮮が不参加の場合でも参加の決定は変わらない、ただし南北共同開催の実現については尽力すると表明した。翌日、北朝鮮のオリンピック委員会は現状ではソウル五輪に参加できないと言明、一方で南北連席会議を開いて南北共同開催問題の協議を継続するよう訴えた。

一四日には中国がIOCに参加を通告、「オリンピック憲章にのっとって大会に参加し、中国と外国選手間の友情を強化し、スポーツを発展させる」ことを参加の理由に掲げた。中国がルールの順守を前面に出したのは、北京アジア大会の開催、さらにはオリンピックの招致を見据えてのことである。その翌日、前年一一月の大韓航空機爆破事件の実行犯が北朝鮮の工作員であること(日本人名を名乗っていた)、その目的がソウル五輪を妨害するためだったことが捜査当局より発表された。一七日、IOCはソウル五輪への参加を締め切り、史上最高となる一六一カ国・地域が参加を通告したと発表した。

この間、国際卓球連盟の荻村伊智朗会長は北朝鮮で説得工作を続けていたが、朝鮮民主主義人民共和国オリンピック委員会の金有順《キムユスン》会長は「二月一九日に予備会議を提案している南北連席会議でしか突破口はない。問題はスポーツ関係者の裁量の範囲を越えている」と語ったという。韓国側は南北連席会議の呼びかけに応じなかった。

荻村は五月に新潟市で開かれるアジア卓球選手権大会に北朝鮮を参加させるべく奔走した。当初、北朝鮮の入国を渋っていた日本政府も、スポーツ大会の参加だけなら、と大韓航空機爆破事件の制裁措置の「枠外」として特別に入国を許可した。しかし、北朝鮮選手団は右翼の妨害行為や、朝鮮総連などが開いた歓迎会に出席することに日本政府が反対したことを理由に、突如大会を棄権して帰国してしまった。荻村は今回からオリンピックに採用された卓球だけでも北朝鮮がオリンピックに参加できればと考えていたが、北朝鮮側は南北共催でなければ参加しないとの主張を繰り返した。五月二四日、金日成主席はモザンビークの大統領との会談で、ソウル五輪への不参加を表明した。ピンポン外交は幻に終わったのである。

北朝鮮に対する参加の呼びかけはオリンピック直前まで続けられ、ソウルでは南北共同開催を要求する学生デモが繰り広げられたが、九月三日、北朝鮮のオリンピック委員会は改めて不参加の声明を発表した。注目されるのは、北朝鮮のオリンピック委員会がオリンピック・ムーブメントの理念を守り、その健全な発展に寄与すると述べ、オリンピックそのものを妨害する意図がないことを明らかにしたことである。

一九八〇年のモスクワ五輪、一九八四年のロサンゼルス五輪で大規模なボイコットが起こり、オリンピック・ムーブメントが危機にさらされるなか、共産主義諸国のボイコットを回避したことは、韓国が勝ち取った最大の成果だった。北朝鮮の参加はならなかったものの、韓国はアジアと世界の分断を克服することに成功した。

オリンピックの直前に成し遂げられた民主化と相まって、韓国の国際イメージは大きく改善した。オリンピックの成功により、韓国はスポーツ大国の仲間入りをしただけでなく、共産主義諸国と関係を構築することに成功し、その国際的地位は飛躍的に上昇した。

一方でソウル五輪は、北朝鮮の孤立をもたらし、東アジアの平和と安定を脅かす大きな要因をつくった。一九九〇年代以降、北朝鮮をいかに包摂していくかが、東アジアスポーツ界の共通課題となっていく。

3　「アジア重視」路線の摩擦

欧米一辺倒の代償——AGFと日本

一九七八年一二月、バンコクで開かれたAGF総会で、「アジア・スポーツ最高評議会」への改組案が提出された。これまで、AGFはアジア大会を開催することを唯一の目的とし、その本部も次回アジア大会開催国が担当することになっていたため、「財政的な引き継ぎもなく、事務そのものも常に「ゼロからのスタート」という不安定な状態に終始してきた」。とりわけ、一九七〇年と一九七八年の二度にわたって、本来の開催国に代わりアジア大会を開催したタイにとって、アジア大会の改組は喫緊の課題であった。アジア・スポーツ最高評議会は、常設本部を設置して事業の継続性を確保するだけでなく、アジアの団結を固め、アジアのスポーツの発展を図ることをも目的に掲げていた。一方で、AGFの改組はイスラエルを排除するという政治目的を伴っていた。そこには、莫大な資金を提供してアジア大会を救ったアラブ諸国の意向が強く働いており、それゆえ、「スポーツと政治の分離」を実行してきた日本は安易に同調できなかった。一九七六年のモントリオール五輪でアフリカ諸国のボイコットを主導したアフリカ・スポーツ最高評議会の轍を踏むことを、日本は警戒したのである。

JOCはAGF対策検討委員会を設置して対応を検討し、「アジア・スポーツ機構」案を提出した。「スポーツへの政治の介入を阻む」ために、アジア各国NOCの集合組織という形式をとり、アジア大会を運営するアジア大会委員会、アジア全体の競技力向上や技術交流のためのアジア・スポーツ・ソリダリティー委員会を設置、IOCとの協調路線をとる、というのがその骨子だった。オリンピック第一主義をとり、アジア大会を軽視してきた日本は、先のアジア大会で「脱亜入欧主義のエゴイスト」と非難されていた。JOCは改組そのものに反対しないことでアジアに寄り添う姿勢を見せつつ、新たな組織をＩＯＣにも受け入れられるようなものにしようとしたのである。しかし、ＡＧＦの改組は、アジアの政治力を高め、イスラエルの排除を認めないＩＯＣやＩＦに対抗することが主たる目的の一つだった。日本の改組案は、日本がいまだにアジアを理解していないことを白日の下にさらすことになった。

「アジアの孤児」の帰還

それでも日本は、アジアへの関与を深めることで、アジアからの孤立を回避しようとした。インドが財政難から一九八二年の第九回アジア大会返上をほのめかしたとき、日本では関東のいくつかの都市でアジア大会を引き受けようとする動きがあった。第八回アジア大会の危機にそっぽを向いてアジアスポーツ界の信用を失った苦い経験を踏まえ、また広島市が第一一回アジア大会の招致を進めていたこともあり、ＪＯＣは「ＡＧＦから要請があれば受けるのが筋」と考えていた。関東広域での開催は、同じく広域での開催を目指していた名古屋五輪のテストケースとしての意味もあった。

アジアに目を向けたのはスポーツ界だけではない。一九七七年に福田赳夫首相はいわゆる福田ドクトリンを発表、東南アジア諸国と「心と心のふれあう相互信頼関係」を築く決意を表明した。翌年末には大平正芳政権が環太平洋連帯構想を打ち出した。こうした動きと並行して、日本のODA（政府開発援助）は急増し、アジアの経済発展を促した。一九八一年にJOCのソリダリティー事業に初めて国庫補助（一三七八万円）がつき、JOCのソリダリティー予算は二億円となった。JOCはこれをスポーツ指導者の研修やアジア諸国へのバレーボールのコーチに使った。一九七六年以来途絶していた日韓ジュニア交流競技会が一九八一年に復活、翌年には日中ジュニア交流競技会もスタートした。

一九八一年にバーデンバーデンでのIOC総会で名古屋がソウルに惨敗したさい、アジアの票がほとんどとれなかったことは、JOCにさらなる反省を促した。JOCの柴田勝治委員長は、「アジアにおける日本はなんだ、大した援助もしないで金メダルだけごっそり持ち帰る、あれはアジア人の顔をした欧米人だ、とそんな見方をされてはいないか」と述べた上で、日本がアジアで孤立している現状に対して、「すでに手遅れかも知れないが、誠心誠意取り組むしかない。アジアに目を向けた路線づくりをJOC改革の大きな柱にしたい」と、アジア重視の路線を打ち出した。

このような危機感の起源は一九六〇年代に遡る。高度経済成長を遂げつつあった日本は東京五輪を成功させた。そんな日本にとって、第四回アジア大会やガネフォで政治化するアジアのスポーツ界は厄介な存在だった。一方、反帝国主義、反植民地主義のもとで団結するアジアにとって、日本はアジアの仲間であるとともに帝国主義という敵でもあった。一九八〇年代に入って、アラブ諸国がアジアスポーツ界の主導権を握り、中国が競技力で日本を上回るに至り、「アジアの孤児」だった日本はようやく真剣にアジアに向き合う決意をしたのである。

一九八二年一月のJOC総会で、柴田は「アジアの各地に飛んで日本の考え方を伝えたり、協力を申し入れたりする小委員会をつくりたい」と提案した。オリンピック招致でソウルがみせた機動力にならおうというわけである。その結果、アジアでの日本の立場を討議するための専門委員会を設置することが決まった。また、冬季競技団体からアジア冬季大会の創設が提案され、「アジアとの関係改善のためにも、JOCの事業として、積極的に推進して欲しい」との要望があった。

一九八二年二月、アジア対策委員会（臨時組織）の初会合が開かれた。委員長はJOC常任委員の安斎実、委員には、中国との関係が深い卓球の荻村伊智朗、北朝鮮との交流を推進していたJOC委員の山口久太らがいた。

無知と孤立の帰結——OCA本部の誘致失敗

アジア対策委員会の最重要課題は、アジア・オリンピック評議会（OCA。一九八一年一一月のAGF評議会で正式名称が決まった）の常設本部を東京に誘致することだった。これは、アジア重視を掲げるJOCの目玉事業といってよいもので、JOC関係者は「経済的、政治的な安定さからも日本が最適、各国も期待しているはず」(JOC首脳)、「常設本部を置くことに関して、日本ほど最適なところはなく、各国に支持されるものと信じたい」(岡野俊一郎JOC総務主事)と、大いに自信を持っていた。

最大の問題は一~二億円と見積もられていた経費であった。日体協は一九八二年度ですでに一億五千万円の財源不足となっており、文部省の支持を得て、外務省や大蔵省に協力を求めた。アジアに進出している企業やスポーツイベントに億単位の金を出している企業の貢献も期待された。

ライバルはクウェートだった。クウェートオリンピック委員会委員長でIOC委員のシェイク・ファハド・アル＝サバーハは「アジア・オリンピック評議会の会長職と常設本部はぜひ、クウェートに」と各国に呼びかけていた。最大の武器はオイルマネーだった。ファハドはOCAに毎年一〇万ドルの経費を提供するとの約束をした(結局履行されなかった)。会長選挙の舞台となるニューデリーでのアジア大会(一九八二年)には一六〇〇万ドルともいわれる援助をした。さらに、アラブ諸国はAGF全加盟国の約三分の一を占め、各国は強く団結していた。東アジアは六カ国でその半数にも満たず、内部で対立していたことは再三みた通りである。

日本の関係者は日本がスポーツの水準や普及度、また政治的公平さといった点でクウェートより優れていると考えていたが、ファハドに言わせれば、日本が立候補したこと自体が驚きで、というのも「日本は四年前にOCAの発足が決まったときから最近までこの新組織に反対していたし、これまではあまりアジアに目を向けていなかったからだ。名古屋が一九八八年夏季オリンピックの招致でソウルに大敗したのもこのためだ」ったからである。ファハドの反応こそ、多くのアジア諸国の気持ちを代弁するものだった。

図25　OCA設立総会．香港のサレスが発言している（第9回アジア競技大会報告書，89頁）

JOC首脳がそのことに気づくのは、OCAの本部を決定する設立総会（一一月）に出席するためにニューデリー入りしてからである。日本を積極的に支持する国は一つもなかった。JOC柴田委員長はもともと投票ではなく話し合いで決める心づもりだったが、この状況を見て、名古屋惨敗の二の舞となるのを回避すべく、誘致を断念せざるをえなかった。JOC関係者には、「クウェートなんて、電話回線もろくにないだろう。事務能力のある人間だって本当にいるのかね」と口にするものもいたというが、こうした姿勢こそ、日本がアジアで孤立する原因だった。「常設本部の誘致は「アジア重視」を掲げた日本スポーツ界にとって、今後の計画の大事なステップになるはずだった。しかし、これまであまりにもアジアに目を向けてこなかった報いが、再び日本に訪れた。小手先ばかりでなく、根本からアジア問題と取り組む必要を改めて感じさせる」――朝日新聞はこう総括した。

「二大会連動決定」案の強行――アジア大会の広島誘致

広島は一九八〇年に第一一回アジア大会（一九九〇年）の誘致に乗り出したが、一九八三年八月になって北京が立候補を表明した。JOC自身も、北京でアジア大会を開くことが、一九八六年のソウルアジア大会、一九八八年のソウル五輪とともに、アジアのスポーツを大きく発展させるということを十分認識していた。また、福岡市がアジア大会、名古屋市がオリンピックの招致に失敗しており、「対アジア関係でこれ以上の黒星を重ねることは避けるべきだ」とする意見も強かった。

中国は一九八三年九月に上海で開かれる第五回全国運動会にIOCのファン・アントニオ・サマランチ会長、アシュウィニー・クマール副会長、国際サッカー連盟のアベランジェ会長ら多数のスポーツ関係者を招待するなど、活発な招致運動を展開、サマランチ会長から「北京が有力であり、よりふさわしい」という言葉を引き出していた。

同じころ、OCAの運営でも日本は不利な状況に置かれていた。一九八二年一一月のOCA

設立総会で、クウェートのファハドが会長に、四つの地域から各一人が副会長に選ばれていた。東アジアからは中国の何振梁が副会長に選ばれた。一九八三年九月になって、OCAは副会長を一人増やし、会長と副会長からなる幹部会と総会で運営していくことが決まった。AGF時代には実質的な審議機関として実行委員会が設けられ、日本からは柴田勝治がメンバーに入っていた。OCAの新たな運営方法によると、日本は総会でしか発言する場がなく、投票権も「途上国と同じ一票分」であり、日本がファハド会長の独走に歯止めをかけるべく重視していた事務総長と名誉会計もたんなる事務職に変えられてしまった。これではアジアの盟主どころか、たんなるヒラ会員でしかない。「結局は、アラブに主導権を奪われた、ということか」というJOC長老の言葉は事態の深刻さをよく表していた。

さいわい、アラブの独走に対する警戒はインド、インドネシア、パキスタン、シンガポールなども共有し、幹部会案に修正が加えられた。冬季と夏季アジア大会開催国の代表を副会長として加え、最終議決権を幹部会から総会に移すことで一件落着した。これから述べるように、一九九四年に広島でアジア大会が開催されることになったので、日本は幹部会にメンバーを送ることができた。

一九九〇年のアジア大会招致レースは北京と広島で争われたが、広島は不利な状況にあった。北京の唯一の難点は、国交のない韓国や台湾の入国許可が下りるかどうかがわからないことだったが、一九八四年二月のデビス杯東洋ゾーン準々決勝を皮切りに中国と韓国のスポーツ交流が始まり、障害は取り除かれた(第2節)。こうした状況を踏まえて、広島の招致委員会は六月にファハド会長らOCA調査団が広島を訪れたさい、北京と広島の抱き合わせの提案(第一一回大会を北京、第一二回大会を広島で開催)をしたが、ファハドは賛成しなかった。その後、ジャカルタが一九九四年アジア大会に立候補し、暗雲が立ちこめる。岡野俊一郎JOC総務主事によれば、二大会を抱き合わせるというのは柴田のアイデアで、岡野がクウェートへ行ってファハドに理解を求め、北京で中国側の協力をとりつけ、OCA総会に臨んだという。

一九八四年九月のOCA総会で、「二大会連動決定」案が提出されると、インドネシアが真っ先に反対し、インドとシンガポールも憲章違反を唱えてこれに同調した。ファハドは会長権限で討議を打ち切り、「二大会連動決定」案の賛否を問う投票を実施、賛成四三票、反対二票、白票二票で可決された。ファハドが「二大会連動決定」案に与したのは、大会返上が相次いで「ボロボロになりかけた大会を立て直すには豊かな国で開催するのがもっともよい。日、中、韓の経済力、組織力のどれをとっても運営にはまず支障はない」と考えたからだった。それにしても、二二票の反対は予想外で、今回の強引なやり方に不満が広がっていることを示していた。また、日本と中国がファハドに借りをつくったことは、ファハドが長期にわたって会長の座を維持する一因となる。

アジア冬季大会の創設

アジア重視に踏み切ったJOCの取り組みの一つにアジア冬季大会の開催があった。アジア冬季大会の構想は、一九八二年一月のJOC総会で提出された。何振梁によれば、日本はしばしば日中韓の競技会を提案してきたが、中国側は北朝鮮との関係もあって韓国との交流には慎重にならざるをえず、北朝鮮を含めた多国間交流という形を望んだ。

一九八二年一一月のOCA総会で、日本は東アジア冬季大会の開催を提案した。参加国は日本、中国、北朝鮮、韓国、モンゴル（のちに香港も加える）を想定していた。一二月に日体協の山口久太理事が北朝鮮と中国を訪問、東アジア冬季大会への参加を呼びかけた。北朝鮮は「いかなるスポーツであっても、南とともに参加することはできない」と原則論を説いたが、準備会議への参加は応諾した。

一九八三年一月、JOCは常任委員会を開き、「東アジア冬季競技の競技力向上と親睦」を目的に東アジア冬季大会を開くことを各国に呼びかけることにした。四月二五日、JOCの呼びかけに応じて韓国から大韓オリンピック委員会の鄭周永《チョンジュヨン》会長ら三人、中国から国家体育運動委員会国際司司長の何振梁ら三人が来日して、東アジア冬季大会創設を話し合った。北朝鮮は「現在の国際情勢及びわれわれの立場も理解してほしい」と欠席を通告した。国交のない中国と韓国を交えた「異例の三国会議」になると期待されたが、中国側は会議の前夜に「韓国と一つテーブルに着かない、というのはわが国の原則。現状では曲げるわけにはいかない」と申し出た。そのため当日は、日中、日韓の個別会談がなされた。何振梁は「東アジアに限らず、アジア全体の冬季大会として発足させ、育てるべきだ」との意見を出した。韓国からも同様の提案があり、アジア冬季大会として設立準備を進めることが決まった。分断という難しい問題を抱えていた中国と韓国にとって、東アジアという地域的限定を外すほうが現実的だったのである。とはいえ、この時点で冬季オリンピックに参加していたアジアの国は東アジアに限られるので、アジアにしようが東アジアにしようが実質はさほど変わらない。

日中韓の形を避けるという点で鍵を握っていたのが北朝鮮の参加である。中国は北朝鮮の参加を強く望み、日本も「北朝鮮の参加を第一条件」としていた。北朝鮮の参加にはさらに大きな意味もあった。

昭和六十一年三月に、札幌で開催した第一回冬季アジア大会も、この観点から企画、実現した〝冬の祭典〟であった。「ソウルでオリンピックを開催するからには、なんとか北側も参加させ、民族統一を実現させたい。そのためには私自身いつでも北に足を運ぶし、三十八度線の自由往来を、私の手でやってみせる。日本も側面から援助してほしい」。故朴《パク》鐘圭《チョンギュ》IOC委員から、協力を依頼されたのは、確かロサンゼルス・オリンピックの前だった。そこで、故朴鐘圭氏と親しい安斎実JOC常任委員らと計り「北朝鮮代表団を公式な総合競技会に招き、韓国代表団との接触を通じ、ソウル五輪への参加ムードを盛りあげよう」との方針が固まり、ここから冬季アジア大会の構想が生まれた。（柴田勝治『新世紀に向けて』六四頁）

アジア大会、オリンピックを控える韓国としても、同じくアジア大会を控える中国としても、南北朝鮮の融和と中韓関係の改善は至上命題だった。

一九八四年九月のOCA総会でアジア冬季大会を一九八六年三月に札幌で開くことが正式に決定した。同年一二月、JOCは金日成主席との会談のため平壌に向かう社会党の石橋政嗣《いしばしまさし》委員長に、アジア冬季大会の招待状を託した。これまで日朝間の交流は日朝スポーツ交流協会（一九七二年設立）が担ってきたが、会長の山口久太が一九八三年に病に倒れてより、窓口がない状態が続いていたためである。

一九八五年二月、北朝鮮は宮様国際スキー競技会（札幌）に体育指導委員会冬季競技担当部長金世鎮《キムセジン》ら五人の代表団を派遣、日本のスポーツ関係者との会談でアジア冬季大会への参加を確約するとともに、今後の日朝スポーツ交流の発展を希望した。同年八月に神戸で開かれたユニバーシアードに、北朝鮮が一五年ぶりに選手団を派遣したのも、この文脈で理解できよう。

一九八六年三月のアジア冬季大会では、アイスホッケーで分断後初となる韓国と北朝鮮の試合も行われた。アジア冬季大会の成功を見て、北朝鮮は第三回大会(一九九四年)を新義州で開催することを申し出た。残念ながら、北朝鮮が第三回アジア冬季大会を開催することはなかったが、アジア冬季大会そのものは規模を拡大させて現在に至っている。

4 「二つの中国」の帰趨――北京アジア大会

「面目」の問題――台湾の抵抗

第二章第4節で詳しくみたように、一九七〇年代、中国が国際スポーツ界復帰に向けた動きを強めると、国際スポーツ界は中国か台湾かの二者択一を迫られた。一九七九年に米中国交樹立などで有利な立場になった中国が態度を軟化させ、名古屋決議が出されたことで、中国と台湾を同時に包摂する仕組みが成立したが、これで台湾をめぐる問題が解決したわけではない。政治の世界でも、スポーツの世界でも、じり貧に追い込まれた台湾は、ますます態度を硬化させ、中華民国の名称、国旗、国歌にこだわり続けた。

一九七六年七月のモントリオール五輪でカナダ政府は台湾選手の「中華民国」選手としての入国を拒否した。先に見たように、この問題をめぐって台湾側は妥協を頑なに拒んだ。カナダ政府は翌年にも、女子ソフトボール世界選手権で台湾選手の入国を拒否、日本が開催を肩代わりすることになった。ところが、日中平和友好条約締結が間近とあって、日本の各自治体は台湾選手が参加する競技会の誘致に消極的で、開催を引き受ける自治体が見つからず、大会返上に追い込まれた(一九七八年一〇月にエルサルバドルで開催)。

一九七八年一〇月に国際陸連が中国の加盟と台湾の除名を決定すると、台湾は翌年二月にイギリスの高等裁判所に処分取り消しを提訴した。さらに一九七九年一一月にIOCの郵便投票で名古屋決議が承認され、NOCの名称、旗、歌の変更を求められると、台湾はただちにローザンヌの地方裁判所にIOCを提訴した。こうしたなりふりかまわないやり方が国際スポーツ界での台湾のイメージを悪くしたことは疑いない。デヴィッド・ミラーは、台湾が「他の面でも頑固に見えたが、こうした特殊な問題に関しては、さらに不思議なほど自説に固執した」と述べ、「〝面目をつぶす〟という東洋的な複雑な考えなど、私には理解できない」と告白して

図26　1966年アジア大会後に蔣介石を表敬訪問した紀政(後列中央)(*Amateur Sport in the Republic of China*, p.23)

いる。

もっとも、台湾でも名古屋決議を支持する人たちがいた。陸上競技協会専務理事紀政《きせい》もその一人である。ローマ、東京、メキシコシティの各五輪に「FORMOSA」「TAIWAN」の選手として出場、「中華民国」の名称を勝ち取ったミュンヘン五輪で旗手を務めた紀政は、暫時恥を忍んでもオリンピックにとどまるべきことを主張した。

サマランチの登場——台湾のIOC復帰

一九八〇年二月、レークプラシッドで開かれたIOC総会は、「二つの中国」をはじめとする政治問題を踏まえ（そして、おそらくモスクワ五輪ボイコットもみすえて）、オリンピックからナショナリズムを排除する手立てを講じた。オリンピック憲章の「nation」を「country」に統一し、国歌と国旗はそれぞれ「優勝者の賛歌」「優勝者の選手団の旗」と言い換えられた。また、参加資格に「一国の国民（nationals）」とあったのを「一国の市民あるいは国民」に改め、「国（country）」については、「ひとつの国（country）、主権国家（state）、もしくは領土（territory）」という従来の定義に、「領土の一部」であること、IOCが独自の判断に基づいて承認されるものであることが追記された。

一九八〇年七月にモスクワで開かれるIOC総会で、キラニンは台湾のIOC委員徐亨をI

OCから除名する提案をするつもりだった。徐亨からすれば、キラニンは会長になる前から中国に左袒《さたん》していた。徐は、自分たちはIOCで公平な待遇を求めているだけで、法廷に訴えたのはやむを得ずのことであり、憲章違反を正すことはオリンピック・ムーブメントに対する貢献でもあると各IOC委員に訴えた。結局、キラニンは徐の除名案提出を断念した。この総会では、多数のIOC委員の支持を得て、サマランチがIOC会長に選出された。前任者のキラニンは、ふだんダブリンで他の仕事をし、IOCの日常的な業務はローザンヌの事務局に任せていたが、サマランチはローザンヌに居を構え、IOCの仕事に専念した。台湾復帰の問題は、彼が真っ先に取り組んだ課題の一つであった。

サマランチは台湾のIOC委員徐亨と名称や旗の変更の可能性について協議した。すでにハードルは低くなっていた。IOCは旗の定義を変更しており、国旗以外の旗を用いても、差別されていることにはならなかった。名称についても、すでに台湾のサッカー協会が「中華民国」から「チャイニーズ・タイペイ」への名称変更に応じていた。台湾では、行政院長の孫運《そんうん》璿《せん》を中心とする専案小組（専門小委員会）が検討を重ねていた。孫は「国際オリンピック委員会のなかで平等な地位を獲得する」ことを基本方針としていた。一〇月にローザンヌでサマランチと徐亨の交渉が行われ、翌月台湾は新たに制定した旗の図案を提出した。それは梅の花のなかに中華民国国旗をあしらったもので、中国側は拒絶した。一二月にサマランチと徐亨の二度目の協議が行われ、サマランチは台湾のNOCを他のNOCと平等に扱うことを書面で約束した。翌一九八一年二月に台湾は新たな旗の図案を提出した。その旗には、中華民国国旗の一部である青天白日を改変した図案が描かれていたが、三月一九日に鄧小平がこれを承認し、旗の問題は落着した。

中国が了解したことを受けて、三月二三日に台湾とIOCの間で協議書が取り交わされた。これにより台湾はIOCに復帰することとなった。その後の会談で徐亨は、チャイニーズ・タイペイ・オリンピック委員会はチャイナ・オリンピック委員会と対等の立場であり、中国の一部ではないことを強調した。中国の国際的プレゼンスが高まる一方で台湾は孤立を深め、「一つの中国」原則はもはや非現実的となっていた。台湾にとって、国際社会で中国と台湾が対等であることを示すことが、中国に対する精一杯の反撃だったのである。

IOC方式への不満

しかし、台湾のIOC復帰ですべての問題が解決したわけではなかった。一九八一年九月三〇日、中国の葉剣英《ようけんえい》(全人代常務委員会委員長)は台湾を平和的に統一するための方策九項目を提案する(学術、文化、スポーツの交流も含まれる)。台湾側はこれに強く反発し、いわゆる三不政策(二六四頁参照)を堅持した。その一つの表れが、一九八二年七月に台北で開かれる予定だった女子ソフトボールの世界選手権大会である。

台北で大会を開くことは、一九七九年五月の国際ソフトボール連盟総会で決まっていた。この総会では、中国を「チャイニーズ・ペキン」、台湾を「チャイニーズ・タイペイ」とすることで中国の加盟を認めることも決まった。一九八一年一二月、香港で開かれた国際女子ソフトボール大会に参加した中国選手団は、台北大会への参加を表明した。日本の関係者によれば、「何が何でも参加したい、という態度」だったという。国際ソフトボール連盟のドン・ポーター事務局長は、台湾が中国選手団の入国を拒否した場合、開催地を移すことになると台湾に対応を促した。台湾ではこの問題に対処するための専門委員会が設置され検討がなされていた。「中共の統一戦線工作に利用される」「中共の選手団を招いて中華民国の進んだ現況を見せてやるべきだ」と賛否両論があるなかで、中国に招聘状を出すことが決まった。台湾が中国に招聘状を出すのはこれが初めてのことだった。一方で台湾は、中華民国の国旗掲揚と国歌吹奏を大会で実施することも宣言した。中国が反対することは百も承知だった。

翌年二月にはさっそく国旗・国歌が問題化し、大会返上論が浮上するが、ポーター事務局長は国旗掲揚と国歌吹奏は「ISF〔国際ソフトボール連盟〕ルールにより開催地の特権である」と主張、ISF理事会もこれを認めた。それもそのはず、アメリカに本部を置く国際ソフトボール連盟は、IFでは数少ない親台湾派だった。二月一九日、この問題の報告を受けた鄧小平は、

「慎重に考えねばならない。このことは「二つの中国」問題に関わる……今回行ったなら実質的に台湾が一つの国家であることを認めるに等しい……やはり行かないほうがよかろう」と指示した。中国は不参加を表明、「二つの中国をつくる政治的陰謀に加担している」と国際ソフトボール連盟を批判した。

四月三日、香港でアジアソフトボール連盟再建会議が開かれ、台湾、中国を含むアジアの七カ国が参加した。同連盟は一九六六年に設立されたが一九七四年を最後に活動停止状態となっていた。そこで、一九八一年一二月に日本が再建会議の開催を提案していた。日本はIOC方式での連盟再建を提案したが、台湾、フィリピンなど四カ国が反対し、会議は決裂した。台湾がIOC方式の拡大を望んでいないことが改めて明らかになった。

この会議にオブザーバーとして参加したポーター事務局長は、台湾で協議を続け、台湾から国旗、国歌を使用しないとの約束を取り付けた。日本ソフトボール協会は、台湾がこれを順守するかどうかわからないとして、国際ソフトボール連盟に開催地の変更を要請、中国ソフトボール協会もこれを支持した。IOCのサマランチ会長もIOC方式での解決を提案するが、結局日中両国は参加を取り止めることになった。日本の不参加は、中華全国体育総会と日体協が取り交わした覚え書き(両国はIOC方式の運営で双方が合意した大会に参加する)に抵触する恐れがあることから決まったものだった。

一九八二年に台湾がAGFへの加盟を拒否されたのも象徴的である。表向きは書類不備ということだが、中国の反対が背景にあった。女子ソフトボール世界選手権での台湾側の対応に中国が不信感を抱いたことが尾を引いていたのだろう。

一九八三年一二月、中国国家体育運動委員会は、中国国内で開かれる国際スポーツ大会に台湾の選手が「中国台北」の名称で参加してもよいと発表した。翌年二月、台湾の孫運璿行政院長も「台湾は政治は別にして、文化、スポーツの国際舞台では中国との関係を断つつもりはない」と語り、スポーツ交流の継続を保証した。

一九八四年二月にサラエヴォで開かれた冬季五輪に、中国と台湾が初めて同時に出場した。台湾は「チャイニーズ・タイペイ」として最初のオリンピックだった。選手村の国際ホールにはサイン用のプレートが設置され、選手らが記念にサインを残していた。台湾の選手の一人が「中華民国」から来たと記しているのを見つけた中国の選手が抗議、組織委員会はその文字を消去し、サマランチが台湾選手団を厳しく批判するという一幕があった。何振梁によれば、同様の事件はその後も何度か起きていた。

四月にソウルでアジアジュニアバスケットボール大会が開かれ、中台両国が参加した。国交のない韓国で中国選手がプレーするのは初めてのことであり、韓国の組織委員会は中華民国国旗の掲揚を強く求める台湾の立場に配慮して、開会式は国旗を使用しない方針だった。アジア

図 27　アジアジュニアバスケットボール大会表彰式(韓国籠球八十年，88 頁)

バスケットボール連盟の規定では、台湾は国旗の代わりに台湾バスケットボール連盟旗を使うことになっていたからである。ところが、中国が国際アマチュアバスケットボール連盟の規定をたてに国旗の使用を求め、開会式で急遽国旗が使用されることになった。これに反発した台湾は開会式をボイコットして帰国した。背景には、韓国が中国との関係を拡大しようとしていることに対する不満があった。台湾は韓国とのスポーツ交流の縮小を決めた。二年後にアジア大会開催を控える韓国としては、友邦台湾の不参加は回避したかった。九月、大韓オリンピック委員会の鄭周永委員長が台湾を訪問、台湾にスポーツ交流の再開とアジア大会への参加を要請、一一月になってようやく交流が再開した。

北京アジア大会への参加

一九八四年九月、北京が一九九〇年アジア大会の開催地に決まった。中国の組織委員会はOCA全加盟国の参加を目指すが、最大の問題が台湾であった。一九八六年四月に名古屋で開かれた卓球のアジアジュニア選手権大会で、中国は台湾のアジア卓球連合入りを強く支持した。同年一〇月には深圳でアジア卓球選手権大会が開催されることになっており、中国は台湾に招請状を出したが、台湾側は政府が中国本土との直接交流を禁止しているとの理由で参加しなかった。台湾の不参加表明の直後、中国の何振梁は「台湾はわれわれの兄弟国だ。台湾が国際オリンピック委員会（IOC）の方式に従うなら、われわれは台湾のOCA加盟を歓迎する」「一九九〇年に北京で開かれる第一一回アジア大会には、温かい同胞愛をもって迎え入れる」と語った。その言葉通りに、ソウルアジア大会中に開かれたOCA総会で、台湾の加盟が認められた。こうして台湾は、IOCに続いてOCAにも包摂されることになった。

台湾の包摂はすんなり完了したわけではない。一九八八年一月、蔣経国総統が死去、副総統の李登輝《りとうき》が台湾人初の総統・国民党主席代行に就任する。政権基盤の弱い李は、当初「改革」を押し出すことなく、三不政策も堅持する姿勢を見せていた。三月には丁懋時《ていぼうじ》外交部長が「中国本土で行われるあらゆる運動競技、文化、学術活動には参加しないというのがわが政府の方針である」と述べて、北京アジア大会への不参加を示唆した。

同年七月、国民党代表大会で正式に国民党主席に選出された李登輝は、ついに改革に乗り出す。政府は三不政策を堅持しつつも、民間の中台交流を促した。スポーツに関しては「国際オリンピック委など国際組織の規定にてらして、海峡両岸の国際的なスポーツ競技参加問題を処理する」と定めた。七月一二日に新たな大陸政策が策定された後、チャイニーズ・タイペイ・オリンピック委員会の張豊緒《ちょうほうしょ》主席は、丁懋時外交部長から「今後、政治とスポーツは切り離すのだから、国際大会への参加は、中華《（ママ）》オリンピック委にお任せする」との言質を得て、翌一三日に「国際オリンピック委など国際組織のルールの下で開かれる国際スポーツ競技大会には、大陸で開かれるものであっても、選手団を派遣する」と発表した。北京アジア大会への参加を念頭においた発言だった。

それでもなお問題は残っていた。「チャイニーズ・タイペイ」の漢字表記の問題である。中国側は「中国台北」を主張し、台湾側は「中華台北」を主張していた。中国は台湾の参加を歓迎したものの、漢字表記については沈黙を守った。

一九八八年一二月、ウィーンで開かれたIOC理事会の期間中、中国のIOC委員何振梁らは、台湾のIOC名誉委員徐亨、IOC委員呉経国《ごけいこく》と非公式の会談を持った。何は「チャイニーズ・タイペイ」の訳語として中国台北が自然であり、中華台北としても中国には中華を冠する団体がたくさんあるので、いずれにしても地方組織とみられる可能性はあると述べた。徐は苦笑しながら、「チャイニーズ・タイペイ」は中国の台北とも、中国人の台北とも訳することができ、中国語の訳し方はいろいろあるのだから、大陸側はもう少し寛大になって、兄貴が弟分に譲歩してほしいと希望した。双方は翌年一月一八日に香港で再度協議することを約した。この二度目の会談もなんら成果が得られなかった。何振梁は、台湾が翻訳の技術的問題を政治問題にしていると批判したが、いうまでもなくこれは最初から政治問題であった。

三度目の会談は三月一五日に香港で開かれた。協議に先立ち、何振梁は「小異を残して大同につく」精神をもってすれば解決は容易だと語った。今回、台湾側からはオリンピック委員会副主席の李慶華《りけいか》がやって来たが、李はこの談話から中国側が「中華台北」を許容すると踏み、結論を急いだ。何振梁は、もし中国選手団が台湾を訪れた場合に、台湾側は中国の名称、国旗、国歌を認めるのかと問い返した。台湾には共産党員を入境させてはならないという法律があり、これを問題視したのである。第四回目の協議は四月四日に開かれた。中国側が大会期間中の正式な場合にのみ「中華台北」を使用することを認め、台湾側の法律改正については善処を求めることで譲歩した。六日に双方が書面にサインし、翌七日に北京と台北で内容が公表された。この間、中台間の連絡は東京の競技団体のファックスを通じて行われ、日本の卓球、体操両協会が仲立ちを務めたという。

四月一七日、アジアジュニア体操選手権大会に出場する台湾選手団が北京入りした。一九四九年以来、台湾のスポーツ選手団が大陸を訪問したのはこれが最初だった。こうして台湾は翌して参加したのである。

　一九八〇年代はモスクワ五輪ボイコットで幕を開けた。冷戦の対立はロサンゼルス五輪のボイコットでピークに達し、その後雪解けに向かっていった。東アジアでも、ソウルでのアジア大会、オリンピックの開催、そして北京でのアジア大会開催が決まると、中韓、中台の接近が見られた。中韓両国は競技面で日本を上回るようになり、東アジアは日中韓の三国鼎立時代を迎える。こうして、東アジアの分断は克服され、一九九〇年の北京アジア大会には東アジアのすべての国・地域が参加することになった。包摂と排除という形のスポーツの政治は、冷戦の終焉によって、その役割を終えたことになる。ただし、東アジアにいまなお分断国家が存在することが示すように、域内の対立は完全に解消したわけではない。一九九〇年代以降、さらなる統合が目指されることになる。

図 28　第 11 回アジア大会（北京）の開会式にて
（中国奥林匹克運動通史，535 頁）

終 章

東アジア大会の挫折
──1990年代以降

2002年釜山アジア大会でのコリアチーム
（남북체육교류와한반도평화，23頁）

1　対抗と改革運動としての連帯

OCAの混乱

一九九〇年の第一一回アジア大会は、中国で開催される最初の大規模な国際的総合競技会であり、また社会主義国で開かれる最初のアジア大会だった。オリンピック招致を目指す中国は、国家の威信をかけてアジア大会を準備したが、その過程は波瀾に満ちたものだった。

一九八九年四月に懸案の台湾参加問題が解決されてまもなく、天安門《てんあんもん》事件が起こった。西側諸国が制裁を科すなどして中国は国際的に孤立し、アジア大会の開催も危ぶまれた。逆境にもかかわらず、組織委員会は着々と準備を進めたが、大会まであと一カ月というところで、ふたたび難関に突きあたる。

一九九〇年八月、イラク軍がクウェートに侵攻した。イラク軍との戦闘でOCAのファハド会長が死去し、クウェートに本部をおいていたOCAは混乱に陥った。問題は二つあった。一つはOCAの組織の問題、すなわち、会長をどのように選出するか、本部をどうするか、である。もう一つは、来るアジア大会にイラクを参加させるかどうか、である。開催国中国は、当初イラクの参加に難色を示していたが、「政治信条により参加国を差別扱いしてはならない」とするＯＣＡ憲章を順守して、イラクの参加を受け入れることとした。すでにアラブ諸国はイラク締め出しに動いており、ボイコットや対戦拒否が生じかねない状況だったが、オリンピック招致を目指す中国としては、ＯＣＡ憲章を無視するわけにはいかなかった。

九月八日にイラク問題を話し合うためＯＣＡ特別緊急幹部会が開催されることになった。幹部会は二〇日にＯＣＡ臨時総会を開いてイラクの「参加資格一時停止」について討議することを決定した。この決定について、日本選手団副団長松平康隆《まつだいらやすたか》は、「イラクをボイコットすべきではない。モスクワ五輪のときもそうだったが、政治がらみのボイコットや締め出しの中からは建設的なものは生まれてこない。むしろ、ここはスポーツの世界は違うということを示すべきでは」と慎重な態度をとった。松平は、モスクワ五輪でもボイコットに反対票を投じた数少ないＪＯＣ委員の一人だった。二〇日のＯＣＡ臨時総会は圧倒的多数で「大会からのイラクの締め出し」を決定した(イラクがアジア大会に復帰するのは二〇〇六年である)。松平同様に、モスクワ五輪でボイコットに反対票を投じた川本信正だったが、「他国に侵略、国際的批判を受けている国が、平和の祭典に出てくるのを遠慮してもらう」のは、「ＯＣＡ憲章に照らしても当然のことだ」と評価した。モスクワ五輪ボイコットで涙を呑んだ高田祐司は、「出場できない選手はやはりかわいそう」と選手を気遣いながらも「いまの情勢、時の流れを考えるなら、Ｏ

CAの決定に従うのも仕方がないと思う」と語る。

北京ではOCA会長選挙が行われることになっていた。中国の何振梁、インドネシアのボブ・ハッサン(OCA副会長)、スリランカのダ・シルバ(OCA副会長)、クウェートのアーマド・アル＝サバーハの四人が立候補した。アーマドは故ファハド会長の長男で、アラブ諸国がOCAでの影響力を確保するために送りこんでいた。アーマドはクウェート政府から二〇〇万ドルもの選挙資金を支給され、この資金を使って役員を買収した。一連の会議を主宰した香港のA・デ・オリベイラ・サレスは公然とアラブ諸国に加担した。そもそも二九歳のアーマドには被選挙権がなかったのだが、これは黙認された。何振梁に有利となる北京での選挙を回避すべく、「アジアスポーツの団結のため」との理由で選挙を引き延ばす提案が「多数決」で決められ、選挙はサウジアラビアで開かれるOCA総会に持ち越しとなった。アラブ諸国の強引なやり方に対しては反発も多かった。何振梁はお金に操られた今回の会議を「アジアスポーツの悲劇」と慨嘆した。一九九一年一月に湾岸戦争が始まり、投票はさらに延期された。

東アジア大会の構想

OCAの混乱に対して、JOCは当初慎重な姿勢をとっていた。「OCAの混乱を収めるのもJOCの責務ではないか」と日本の積極的関与を求める声に対して、JOC会長古橋広之進は「かつての侵略国で、いまは金満国として受け取られている現状と、JOCの資金面での能力を考える必要がある」と述べていた。一九九一年八月二三日から東京で世界陸上競技選手権大会が開かれた。JOCは来日した中国の何振梁と韓国の金鍾烈《キムジョンリョル》(大韓オリンピック委員会委員長)と協議し、「極東各国でOCAの正常化のため手をうつ」ことで意見が一致し、北朝鮮、台湾、香港、モンゴルに呼びかけて、九月一五日に東京で会議を開くことになった。

この会議には中国、韓国、台湾、モンゴル、そして日本の代表が参加、一週間後にニューデリーで開かれることになっていたOCA総会を延期して一二月に広島で開き、OCAの効率的、民主的な運営のため憲章改正を討議するというアピールを採択した。JOCは東アジアの競技力向上を目的に「東アジア競技会」の開催を提案し、各国の同意を得た。JOC国際委員長としてこの会議に出席した荻村伊智朗は、「人事やOCA憲章の改正要求など、〝暗い話題〟ばかりで終始しそうな会議で、以前から東アジアにも地域大会をと考えていた日本が提案した。少しでも前向きのことを決めようというスポーツマンの気持ちだった」と語る。日体協から独立してまもないJOCが新たな路線で存在感を示したと見ることもできる。

毎日新聞は東アジア大会について次のようにコメントしている。

JOCは、OCA正常化には憲章改正が先決、の立場で、定例総会で改正を論議したい意向だが、簡単にいくかどうか。競技力では勝る東アジア各国も、財政力や、全体をリードするような「数の力」に乏しいからだ。ただ、これまでアラブのようなまとまりに欠けていた東アジアスポーツ界が結束を見せたことは注目に値する。東京での決議を受け入れるようOCA幹部への説得が行われるが、成功しなかった場合、中国、韓国などからは「アラブとたもとを分かつべきだ」の強硬論が浮上する可能性もある。OCAの運営にほとんどかかわってこなかったJOCが、ここまで踏み込んだ姿勢を示したのは、その正常化が広島大会成功に欠かせないからだが、九八年長野冬季五輪を決めた六月の国際オリンピック委員会で打ち出した「アジアへの貢献」を意識したものでもある。しかし、一歩間違えば、貢献どころかアジアの結束にひびが入りかねないだけに、難しい対応を迫られる。

(『毎日新聞』一九九一年九月一九日)

アラブ諸国が牛耳るOCAに対する不満が東アジアを結束させたのであり、東アジア大会は東アジア諸国の団結を示すものとして企画されたことになる。アジアでは「中国、台湾、香港の関係、韓国と北朝鮮の南北問題と政治的にデリケートな部分がある東〔アジア〕だけが、地域大会を持っていなかった」。

一一月に東アジア各国のオリンピック委員会委員長が北京に集まり、東アジア大会の創設が正式に決定した。注目すべきは大会の運営母体(のちの東アジア競技大会連合)で、OCAから独立した組織とされ、会長は大会開催国から、副会長は前回と次回の大会開催国から選出すると決められたことである。これは、一期四年、最大二期までという任期規定を反故にし、ファハド会長の独裁体制を許したOCAに対して、東アジア諸国が要求していたことでもあった。第一回大会は、オリンピック招致を進めていた中国が名乗りをあげ、上海での開催が決まった。

一方、OCA会長選挙は、九月二一日にニューデリーで開かれたOCA特別総会で実施され、アーマドが会長に選出された。オリンピック招致を目指していた中国はアラブ諸国を敵に回すことを恐れ、何振梁を立候補させなかった。JOCはOCA憲章改定案を提出した。閉鎖的な幹部会に代えて、選挙による理事会が設けられるなど、OCA「正常化」への一歩が踏み出された。しかし、アーマドが約三〇年後の現在もなお会長を続けていることが示すように、OCAの体質を大きく変えるには至らなかった。OCAのあり方は、まさにアジアにおける政治とスポーツの関係を象徴している。

以上の経緯からわかるとおり、東アジア大会はOCAの主導権争いの副産物として生まれたものだった。逆に言うと、本当にこのような大会が必要だったかという点には疑問が残る。アジア大会では、中国が参加するようになった一九七四年以来、日中韓の三国で金メダルをほぼ独占し、一九八六年にその割合は九割以上に達していた。つまり、東アジア以外の国々にとって、アジア大会は高い壁となっており、東南アジア大会のような地域大会を創設して切磋琢磨の場とする意味は十分にあった。これに対して、東アジアの国々、とりわけ日中韓の三国にとって、競技面からいえば、東アジアに新たな地域大会を創設する意義はほとんどなかった。さらにいえば、一九八六年のソウル、一九九〇年の北京、一九九四年の広島と、この時期のアジア大会は連続して東アジアで開催中だったから、なおさら東アジア大会の意義がかすむ。

南北統一チームの結成

東アジア大会になんらかの意義を求めるとすれば、それは北朝鮮の包摂だっただろう。一九八八年のソウル五輪は一九七六年のモントリオール五輪以来、久々に東西の各国が顔を合わせた歴史的な大会だったが、北朝鮮は参加せず、スポーツ界で孤立を深めていた。

国際情勢の変化が北朝鮮の変化を促した。一九八九年の冷戦終結は東アジアの国際関係に大きな影響を及ぼした。一九九一年に台湾は大陸への敵視政策を改め、一九九二年に中国と台湾は九二年合意(九二共識)に達した。「一つの中国」の解釈を各自に委ねるという形で政治の問題を棚上げにし、両国間の交流を促進したのである。一方、朝鮮半島では、一九九〇年九月に韓ソの国交が樹立、一九九一年九月に韓国と北朝鮮が揃って国連に加盟する。一九九二年八月に中韓の国交が樹立されると、韓国と台湾の関係は急速に冷え込む。こうして中国と北朝鮮に対して台湾と韓国が対峙する冷戦的二項対立の国際関係が崩れ始めたのである。

北朝鮮と韓国の関係も融和に向かっていた。北京アジア大会が終了して四日後の一九九〇年一〇月一一日に平壌で南北統一サッカー大会第一戦が、二三日にソウルで第二戦が開催された。これまで両国間に直接のスポーツ交流はなく、「四六年間の分断の歴史に終止符を打つ歴史的な祭典」であった。ソウル戦の翌日には韓国の鄭東星《チョンドンソン》体育部長官と北朝鮮の金有順国家体育委員会委員長がスポーツ交流のさらなる発展を目指す共同合意文に署名した。さらに一九九一年二月に板門店《パンムンジョム》で開かれた南北体育会談で、四月に千葉で開かれる世界卓球選手権大会と六月にポルトガルのリスボンで開かれる世界青少年サッカー選手権大会に南北統一チームを派遣することが決まった。一九六三年以来、何度も協議されながら実現に至らなかった南北統一チームがついに実現したのである。

統一チームの名称は「コリア」で、朝鮮半島の地図が描かれた旗と「アリラン」をそれぞれ国旗と国歌の代わりに用いることとなった。コリアチームは一九九一年三月二五日に来日、団長の金亨鎮《キムヒョンジン》（朝鮮民主主義人民共和国オリンピック委員会副委員長）は「一つの血で結ばれた民族のスポーツ界における対決は、ここに終止符が打たれた」と挨拶した。一行は合宿地である長野に向かった。合宿地をどうするかは、統一チーム結成にあたって南北間の争点となり、北は現地で、南はソウルと平壌で交互に実施することを主張したが、卓球は現地、サッカーはソウルと平壌という形で収まった。長野の合宿地を斡旋した国際卓球連盟会長荻村伊智朗は、「朝鮮半島の問題に日本がイニシアチブをとることはできない。だが、出会いの場を提供していきた

図29　東アジア大会開会式でのサマランチ(右5)，江沢民(右6)，アーマド(右8)(第一届東亜運動会，86頁)

い」と語っている。世界選手権では、コリアチームが女子団体で優勝し、大いに盛り上がった。

第一回東アジア大会

第一回東アジア大会は、一九九三年五月に上海で開かれ、日本、中国、チャイニーズ・タイペイ、香港、韓国、北朝鮮、モンゴル、マカオ、グアム島が参加した。

東アジア大会の意義について、大会報告書は真っ先に「国力を展示し、開放を拡大する」を挙げた。江沢民《こうたくみん》総書記は、「東アジア大会は中国の組織力、スポーツ水準と民族精神を示し、中国の輝かしい文化とすばらしい社会環境を示し、世界各国の中国に対する理解を増進し、中国の改革・開放事業を推進し、上海の浦東開発、二つの文明建設と諸事業の発展を促すことになり、北京二〇〇〇年五輪招致にも有利な条件を作り出すことになる」と大会の意義を説明した。天安門事件で欧米から強い反発を受けた中国は「開かれた中国がオリンピックを待っている」というスローガンを掲げて招致活動を展開していた。開会式には江沢民が出席、サマランチとともに参観したが、こうした政治的な光景は一九九〇年の北京アジア大会でも見られたものだった。

ＪＯＣは「〔一九九六年開催の〕アトランタ五輪を狙う最強チームで編成する」との意気込みだったが、日本のスポーツ界の理解を得られたわけではなかったようである。

「最強メンバーで戦う。東アジアを制することはアジアを制することだ」。大会に臨む日本オリンピック委員会（ＪＯＣ）の鼻息は荒い。日本は全12競技に三百五十五人の選手団を送り込む。費用は約二億円。北京アジア大会の二億五千万円と比べても、今大会への意気込みがうかがえる。だが、発案からわずか二年で開催と、降ってわいた大会に対し、各競技団体には戸惑いが見え隠れする。……かつて「アジア大会軽視」と批判された日本。同じ失敗を繰り返さないためにも、自ら提唱し、誕生したばかりの大会の改善に努める必要があろう。（『朝日新聞』一九九三年五月三日）

大会期間中、東アジア国内オリンピック委員会の理事会が開催され、同組織を東アジア競技大会連合に改称するとともに、「政治や宗教を乗り越えてスポーツの交流を」推進することなどをうたった宣言を採択した。第二回大会の開催地を平壌にしたのも、政治を「乗り越える」ことを示すためだった。

2　競争と分断の時代へ

東アジア大会とオリンピック招致

朝鮮半島では南北融和という流れのなかで、一九九一年の年末に南北が非核化に合意、翌年五月に北朝鮮は国際原子力機関の核査察を受け入れた。しかし、北朝鮮が一部の施設の査察を拒否するなどしたために、核兵器開発疑惑を完全に払拭することはできなかった。さらに、同年八月に中韓のあいだに国交が樹立すると、北朝鮮は苦しい立場に追い込まれ、態度を硬化させるに至る。翌月、北朝鮮は一九九四年に予定されていたアジア冬季大会の開催を返上した。一九九三年三月には核兵器不拡散条約から脱退することを発表するが、それでも五月の東アジア大会に参加したのは、北朝鮮の同条約脱退に対して中国が同情的な態度をとり、制裁を科すことに反対していたことへの見返りだったと考えられる。東アジア大会直後に北朝鮮は弾道ミサイルを日本海に打ちあげ、アメリカとの高位級協議に臨んだ。両国の協議は難航し、米朝間、南北間で緊張が高まった。こうした北朝鮮の核外交は、一九九四年一〇月にアメリカとの「枠組み合意」に調印するまで続く。この間、北朝鮮は一九九三年七月のユニバーシアード(バッファロー)、一九九四年二月のリレハンメル冬季五輪をボイコット、八月に「朝鮮半島情勢が不安定なため」東アジア大会の開催を返上、一〇月に広島アジア大会をボイコットした。

北朝鮮の大会返上を受け、一九九七年五月に釜山で第二回東アジア大会が開かれることになる。大会中、釜山市長文正秀《ムンジョンス》が二〇〇八年オリンピックの招致を発表、東アジア大会はまたしてもオリンピック招致のためのアピールの場と化した。韓国の組織委員会は、サマランチ会長らIOCの関係者を鄭重にもてなす一方で、OCAや東アジアの関係者を冷遇した。JOC会長古橋広之進は「我慢の限度を超える対応にあきれた」と、一時は閉会式への欠席を考えたほどだった。

一九九五年一〇月、第三回東アジア大会(二〇〇一年)が大阪で開催されることが決まる。大阪は一九九二年に西尾《にしお》正也《まさや》市長が二〇〇八年のオリンピック招致を表明して以来、一九九七年のなみはや国体、一九九八年のアジア卓球選手権大会、一九九九年の新体操世界選手権大会、二〇〇一年の世界卓球選手権大会と、大規模な競技会を次々に招致していた。第三回東アジア大会に関しては福岡も招致を決めていたが、JOCは大阪に軍配を上げた。そのさい、「開閉会式の費用を削って、スポーツ援助を含む東アジア全体の選手強化に力を入れる」ことを条件にした。「五輪を意識した華美なパフォーマンスよりも、東アジアの競技力向上というスタート時の基本理念を前面に出す」ためだった。JOCがいかに東アジア大会の行く末を案じていたかがわかる。

大阪の最終目標はあくまでオリンピック招致であり、東アジア大会は「充実した競技施設、高い運営能力、安全性を含めた環境」をアピールするための場であった。もともと秋の開催を予定していたが、IOC総会が早ければ六月に開かれると聞いて、五月開催に変更したことに大阪の姿勢がよく表れている。大阪は一九九六年九月にオリンピック招致に立候補、翌年八月にJOCで行われた投票でライバルの横浜を破り、本格的に招致へ向けた準備を始めた。

大阪にとって北朝鮮を参加させられるかどうかがオリンピック招致の鍵だった。一九九八年に韓国大統領に就任した金大中《キムデジュン》は北朝鮮との融和を図る「太陽政策」を実施、二〇〇〇年六月の南北首脳会談で南北共同宣言が発表され、祖国の平和統一を目指すことが確認された。これを受けて、九月に開かれたシドニー五輪では南北合同チームでの入場行進が実現した。

二〇〇一年一月、北朝鮮は「技術的な理由」で東アジア大会への参加を辞退すると大阪の組織委員会に通告してきた。東アジア大会の前月にやはり大阪で開かれる世界卓球選手権大会には南北統一チームが参加することになっていたので、大阪にとってはショックであった。三月にJOCの川廷栄一《かわていえいいち》理事が北朝鮮を訪問、北朝鮮のオリンピック委員会副会長でIOC委員でもある張雄《チャンウン》に参加を要請したが、張は「冷え込む米朝関係など国際情勢」を挙げて「難しい立場」にあることを伝えた。一月に発足したブッシュ政権は、前政権とは違って、北朝鮮に対して厳しい姿勢をとりつつあった。北朝鮮の不参加は、アメリカの同盟国日本に対する当てつけともとれる。卓球の南北統一チームも三月末に北朝鮮側から不可能との通知が韓国側に送られ、ご破算となった。統一チームは成らなかったが、韓国と北朝鮮がそれぞれ単独で出場した。統一チームの参加でオリンピック招致に弾みをつけようと考えていた大阪にとっても誤算だった。

大会直前、ＩＯＣ評価委員会がオリンピックに立候補していた各都市に関する調査報告書を発表した。大阪の評価はきわめて低く、関係者にショックを与えた。これまで毎回東アジア大会に出席していたサマランチＩＯＣ会長は、今回日程の都合で来ないことになった。大阪はすでに見放されていたといってもよいだろう。五月二七日に東アジア大会が閉幕、大阪はあきらめずに招致活動を続けたが、七月一三日の投票では一〇二票中わずか六票しか得られず、最初の投票で淘汰されてしまった。最終的に選出されたのは北京だった。

上海、釜山、大阪と東アジア大会はいずれもオリンピック招致のステップとして利用されたが、招致が成功することはなかった。また、ソウル、北京と、アジアのオリンピック開催の裏には、名古屋と大阪の敗北があったことにも目を向けねばならない。ここにも、同じ東アジアの国を応援するというより、互いに競い合う関係を見いだせるからである。

いまから振り返ると、韓国の政権が北朝鮮に融和的な政策をとっていた二〇〇〇年代は、南北関係が最も良好な時期であった。二〇〇〇年のシドニー五輪に続いて、二〇〇二年の青森アジア冬季大会、釜山アジア大会、二〇〇三年の大邱ユニバーシアード、二〇〇四年のアテネ五

図30 「白頭山はわが領土」のスローガンを掲げる韓国選手(朝日新聞社提供)

輪、二〇〇六年のトリノ冬季五輪とドーハアジア大会で南北合同の行進が見られた。なかでも、釜山アジア大会は、韓国で開かれる国際競技会に北朝鮮が初めて参加したという点で画期的だった。このとき聖火は白頭山《ペクト》と済州島《チェジュ》の漢拏《ハルラ》山から運ばれてきた。それから四年後の二〇〇六年九月に、同じ長白《ちょうはく》山(白頭山の中国側呼称)でアジア冬季大会(長春)の聖火が点火されたときには、中韓間で歴史認識をめぐる激しい論争が生じており、大会中に韓国スケート選手が「白頭山はわが領土」と記した横断幕を掲げ、のち韓国選手団が謝罪に追い込まれるという一幕があった。

二〇〇六年一〇月に北朝鮮は核実験を実施、これが韓国で保守派に勢いを与える結果となり、二〇〇八年二月に李《イ》明博《ミョンバク》政権が発足、南北関係は悪化の一途を辿った。同年の北京五輪で南北統一チームを結成する計画があったが、実現しなかった。二〇一一年の年末に金正日《キムジョンイル》総書記が死去し、金正恩《キムジョンウン》がその地位を引き継いだあとも、状況に変化はなかった。二〇一七年に北朝鮮との融和を掲げる文在寅《ムンジェイン》が大統領に就任、平昌冬季五輪を前に南北間の対話が突如始まり、久々に開会式での合同行進が行われたのは記憶に新しい。

東アジアユースゲームズの行方

東アジア大会は大阪での開催のあと、マカオ(二〇〇五年)、香港(二〇〇九年)、天津(二〇一三年)と中国での開催が続いた。北朝鮮は第四回以降すべての大会に参加した。北朝鮮が韓国と日本で開かれた東アジア大会に参加せず、中国で開かれた東アジア大会に参加したことは、東アジアスポーツ界における中国の役割の大きさを裏書きしている。それはかつて日本が果たしていた役割であった。

回を重ねるごとに、東アジア大会の意義は薄れていった。早くも第二回大会のときに「五輪や世界選手権、アジア大会に比べれば、選手の意欲が薄れるのはやむを得ない面もある。しかし、各国の国内選手権より格下の大会だと選手が考えるのであれば、大会の意義そのものが問われてしまう」との懸念が示されていた。JOCは第四回大会のときに東アジア大会を「ジュニア世代に特化した総合大会に切り替えること」を提案したが、賛同を得られなかった。しかし、東アジア大会は、トップ選手が送りこまれず、それが大会の質を下げ、それがさらにトップ選手の参加を遠ざけるという悪循環に陥っていた。一方で大会の規模は拡大を続け、当初の一二競技が二二競技に増加した。第七回大会の開催地がみつからないという状況のなかで、二〇一三年一〇月に東アジアユースゲームズに改編することが決定、東アジア大会は第六回大会で幕を閉じることになった。

第一回東アジアユースゲームズは二〇一九年に台中で開始される予定だったが、結局開かれないままになっている(二四八頁参照)。中台間の摩擦がその原因である。少し時間を遡って、中台関係の推移を確認しておこう。

一九九〇年の北京アジア大会を契機に、台湾選手が中国で競技に参加することは可能になったが、その逆はまだ不可能だった。一九八九年一二月、OCA理事会がバリ島で開かれたさい、中国と台湾のNOC関係者が初めて会談し、ここで台湾側は、台北で一九九八年にアジア大会を開きたい、一方通行の交流を相互交流にするためにも台北アジア大会を支持してほしい、と中国側に了解を求めた。何振梁は、台湾当局の大陸に対する差別的な法律はオリンピック憲章に反し、大会招致の最低条件すら備えていないと批判した。六月にもチャイニーズ・タイペイ・オリンピック委員会の張豊緒主席が初めて中国を訪問し、何振梁に協力を求めたが、何はもし立候補すれば公然と反対するとにべもなく断った。中国が台北アジア大会に反対したのは、台湾が「国家」と見なされることを恐れたからである。逆に台湾側からすれば、アジア大会開催は「一国二政府」を国際社会に承認させるチャンスであった。

一九九〇年九月、北京アジア大会中に開かれたOCA総会で、第一三回アジア大会(一九九八年)の開催地がバンコクに決まった。中国の反対にもかかわらず台北が立候補し、投票に持ち込まれた。バンコク二〇票に対し、台北は一〇票を得た。チャイニーズ・タイペイ・オリンピック委員会の李慶華副主席は「出席三七カ国・地域のうち一〇票を得た。二〇〇二年の大会招請に向けて全力を挙げたい」と早くも次の目標を掲げた。

一九九四年七月、広島アジア大会組織委員会に、OCAから李登輝総統を大会に招待することについての打診があった。組織委員会は「慎重な対応」を求めたが、OCAのアーマド会長は招待状を送付、八月下旬に問題が表面化した。アーマド会長の動機は不明だが、李登輝はのちに「私がアジア大会参加招待を受けたのは、ふだんから個人的にスポーツに貢献し、五輪精神を支持していたからで、政治とは関係ない」と、招待状を読み上げながら説明した。何振梁は、アーマドが六月に台湾を訪れたさい、台湾がOCAに援助を約束するなどしたことから、政治的影響を考えずに口頭で招待をしたと推測する。

当然中国は猛烈に反対した。台湾はそれをも考慮したうえで、国際社会における台湾の存在感が増すと判断し、李登輝が「国家元首」として出席することを決めた。中国のボイコットもささやかれ、日本政府や組織委員会は困惑したが、成り行きを見守るしかなかった。九月一二日にアーマド会長が李登輝の招待を取り消したのを受けて、日本政府は台湾の徐立徳《じょりつとく》(行政院副院長)の大会出席を認めた。台湾と中国の双方に配慮したつもりだったが、中国は徐の訪日にも反対した。アジア大会中、日中役員懇談の場で日本の役員が台湾問題を持ち出したところ、中国の役員が、日本は一九三二年にとんでもない干渉をしたのに、また中国の政治とスポーツに干渉するのかと激怒した。中国にとってそれは過去の「歴史」ではなかったのである。

　中台間の対立は、高雄市が第一四回アジア大会（二〇〇二年）開催地に立候補したことでふたたび高まる。中国は、台湾でのアジア大会開催はスポーツに政治を持ち込むことになるとして、高雄が選出されないよう加盟各国に働きかけた。一九九五年五月のOCA総会（ソウル）での投票で高雄は釜山に敗れた。それは一九九五年七月に始まる第三次台湾海峡危機へと至る、中台の政治的対立の一幕ともいえた。

　二〇〇〇年の総統選挙で初の政権交代を成し遂げた民進党・陳水扁《ちんすいへん》政権は、台湾正名運動（「中国」「中華民国」を「台湾」に改める）を推進するなど、脱中華民国・台湾独立志向を強めた。

　二〇〇五年の年末、北京五輪の聖火リレーで台湾を通過する案が浮上した。台湾側は、台湾が中国の一部と見なされるようなルートであれば受け入れられないと慎重な姿勢を示した。この問題を協議した中台双方の代表は二〇〇七年三月二七日に合意に達したが、四月二二日に台湾政府は一転してルートの変更を求めた。北京五輪組織委員会は四月二六日に聖火リレーのルートを発表するが、その直後に台湾側は聖火の台湾通過を拒否する声明を発表した。台湾政府は、聖火が台湾から香港・マカオを通過することを中国側が国内ルートと宣伝することを懸念、また中国側が「中華台北」ではなく「中国台北」を用いたことに反発したようである。台湾では二〇〇八年三月に総統選挙を控えており、陳水扁政権は対中強硬姿勢をアピールしておく必要があった。スポーツに政治を持ち込んだことに、中国側はもちろん、台湾の国民党からも批判が上がった。

すぐさまIOCが調停に乗りだし、八月末には名称に関する要求を中国側が認めれば、台湾は聖火リレーを受け入れることに決めた。九月八日に合意書が取り交わされるはずだったが、九月二一日になって、協議が決裂したことが発表された。その原因は、中国側が旗や歌に関するIOCの規則を厳格に適用することを合意書に盛り込むよう求めたことにある。具体的には、沿道の観客が中華民国の「国歌」を歌ったり「国旗」を振ったりするのを禁止するよう求めたことに対して、台湾側は一般市民の規制はできないと拒否したのである。

台湾は北京五輪の聖火リレーを拒否しただけでなく、これに対抗する独自の聖火リレーを実施、「台湾」名での国連加盟を求める運動の一環として位置づけられた。陳水扁総統は第一走者を務めた。こうした対中強硬のパフォーマンスも劣勢を挽回するには至らなかった。二〇〇八年一月の立法院選挙で民進党は国民党に大敗を喫する。さらに三月の総統選挙では、中台関係の改善を訴えた馬英九《ばえいきゅう》が当選した。国民党政権のもとで、中台関係は大きく好転する。

ここで注意しておきたいのは、聖火リレーをめぐる駆け引きのなかで、台湾側は北京五輪への参加をつねに肯定していたことである。オリンピックに参加しないことの不利益はあまりにも大きかった。包摂と排除の政治はもはやオリンピックの場では時代遅れとなっていた。

二〇一六年に民進党の蔡英文《さいえいぶん》が総統に就任し九二年合意を否定すると、中台関係は急速に冷え込む。二〇一七年に台北でユニバーシアードが開かれたが、中国は団体選手の派遣を見送る。二〇一八年に入って、東京五輪に「台湾」の名称で参加することを求める運動（正名運動）が台湾独立派を中心に展開された。正名運動の発起人は紀政であった。台湾が名称変更に反対して名古屋決議の受け入れを拒否したときにオリンピックにとどまるべきだと訴え、その後は国民党籍の立法委員として中台交流に尽力した紀政だが、その彼女が「中華台北」という国はないとして運動に立ち上がったのである。これまで見てきたように、名称問題とは自己の存在を賭けた政治闘争であり、名称は自己の願望によってではなく、他者との関係性のなかで決定される。一方で、こうした声が十分に大きくなったとき、他者との関係性が変化することもまた歴史の教える所である。

七月二四日に北京で開かれた東アジア競技大会連合の臨時理事会で会長の劉鵬《りゅうほう》（中国）が「大会が政治リスクに直面している」として第一回東アジアユースゲームズの中止を提案、台湾は反対、日本は棄権したが、賛成多数で可決された。中国の人民日報は中止の責任を民進党と「台独」勢力に帰したが、民進党だけでなく国民党からも中国への批判があがっていた。いずれが政治を持ち込んだのか。どちらも、というのが答えだろう。

そもそも、名古屋決議も九二年合意も、中台の双方が「一つの中国」を自らに都合のよい形で解釈し、分断という現実を隠蔽することで、中台の交流を可能にした。台湾が中国とは別個の国家であることを唱えたとき、「一つの中国」という仮構が崩れ、分断の現実が表面化した。

これは、八四年前に極東大会が解散に至った状況と似ている。序章で述べたように、満洲国の存在を認めない中国は「一つの中国」という理想を、満洲国を参加させようとした日本は「二つの中国」という現実を主張した。満洲国を排除することによってかろうじて成立していた極東大会は、満洲国という現実が突きつけられた途端、崩壊せざるをえなかった。ただし、極東大会が「二つの中国」を支持する日本によって解散されたのに対して、東アジアユースゲームズは「一つの中国」を支持する中国によって中止された点に違いがある。

「台湾」名で東京五輪に参加することの是非をめぐる国民投票は一一月二五日に行われ、否決される。もし可決されていたらどうなったか。「台湾」での参加を認めれば中国がボイコットするだろうし、「台湾」での参加を認めなければ台湾がボイコットするだろう。ＩＯＣと東京五輪組織委員会としては、名古屋決議に従って事を進めるほか選択肢はないはずだ（実際、ＩＯＣは何度も警告を発した）。

東アジアユースゲームズの前途はいまだ不透明なままである。

3　二〇世紀の東アジアとスポーツ

国際スポーツはたんなるスポーツでない。対外的には、国家の存在を国際社会に知らしめる場であり、さらに競技の活躍によって国家の威信を示すこともできる。対内的には国民を統合し、政府への支持を高める装置にもなった。オリンピックやアジア大会のような国際スポーツの場でいかに表象されるかは、小国や新興国、あるいは正統性を欠く国家にとっては重大な問題であった。だからこそ、包摂と排除の政治が繰り広げられたのである。

戦後まもない時期、国際スポーツ界から排除された日本は、アマチュアスポーツの信奉者・守護者の役割を引き受けることによって、スポーツを政治化した過去の贖罪を果たし、アジアと世界のスポーツ界に迎え入れられた。復帰後すみやかにアジア大会とオリンピックの開催を認められたのは、そうした姿勢が評価されたからである。

アジアで唯一のスポーツ大国となった日本は、他のアジア諸国をアマチュアスポーツの理想に引き上げる（「文明化の使命」）役割を担った。世界の強国とメダル競争を展開していた日本とは対照的に、アジア諸国にとっては、オリンピックに参加すること自体が高いハードルとなっていた。スポーツの非政治主義を標榜するＩＯＣは、実際には西洋白人男性中心（黒人委員は一九六三年、女性委員は一九八一年までいなかった)で、アジア、アフリカの新興国や共産主義諸国を排除する傾向にあった。これらの国々は自身の希望する形で参加するために、IOCなどの国際組織と激しい応酬を繰り広げた。IOCの優等生を自任する日本は、このようなアジアに辟易《へきえき》し、「アジア大会軽視、オリンピック重視」の傾向を強める。

一方で日本は冷戦によって分断された東アジアの統合に積極的に取り組む。他の権威主義的な国々と違い、日本は冷戦の壁の双方にパイプを持っていた。ピンポン外交を契機とする一九七〇年代の東アジアの再編の過程で、日本はときにIOCから政治的だと非難されながらも、中国の包摂を推進した。そのIOCは一九七四年に憲章から「アマチュア」という言葉を削除し、スポーツと政治の関係により柔軟な姿勢を示すようになった。歴史研究者のヒューブナーは同年に開かれたテヘランアジア大会を「文明化の使命」の終焉とみている。

一九八〇年代にはアジアで多極化が進行する。中国と韓国の躍進、IOCの商業路線への転換によって、日本が競技と理想の両面で有していたアドバンテージは失われてしまった。ながらくアジアスポーツ界の周縁にいたアラブ諸国が豊富な資金を背景に台頭したのもこの時期である。アラブ諸国はアジア大会を反イスラエル政策遂行の道具とした。オリンピックも政治の道具となり、モスクワとロサンゼルスで大規模なボイコットが起こった。しかしその背後では、冷戦終結に向けた動きが着実に進んでいた。東アジアでも中韓、中台の間でスポーツの交流が始まった。ソウル五輪をボイコットした北朝鮮への同調が広がらなかったのは、包摂と排除の政治がもはや大きな意義を持たなくなったことを物語っている。

一九九〇年のアジア大会、一九九二年のオリンピックに東アジアのすべての国・地域が参加したことで、分断はいちおう克服されたといってよいだろう。とはいえ、東アジア大会の顚末が示唆するように、東アジアというレベルでは、なお分断は根深い。

スポーツはこの分断を克服できるのだろうか。朝鮮半島の融和に奔走した荻村伊智朗が「政治とスポーツの力は、一〇〇対一か一〇〇〇対一かぐらいに違います」と述べたように、政治とスポーツの関係は圧倒的に非対称である。スポーツが政治を動かしているように見える場合でも、実際には政治がスポーツを動かしていることがほとんどである。

アマチュアスポーツの矛盾は、非政治的であろうとすればするほど、政治的に価値が高くなるという点にある。圧倒的な政治の力を前にして、荻村が「スポーツが本来持っている文化的な価値が減ってはいけない」と言ったのは、スポーツ界に主体性を求めたと解釈できる。この点はモスクワ五輪ボイコットで強く意識され、ＪＯＣが日本体育協会から独立する契機となった。ところが、一九九〇年代以降、スポーツの商業化が進み、スポーツ界の政府への依存は逆に高まっている。

政治に従属する限り、スポーツは政治によって生み出された分断を克服できないだろう。

参考文献

＊新聞、雑誌を除く。大会報告書は引用した文献のみ挙げる

日本語

浅野均一「第一回アジア競技大会について」日本体育協会編『第一回アジア競技大会報告書』日本体育協会、一九五一年
五百旗頭真編『戦後日本外交史』第三版補訂版、有斐閣、二〇一四年
池井優「日中スポーツ交流（一九五六〜一九七二）——政治とスポーツの間」『法学研究——法律・政治・社会』五八巻二号、一九八五年
池井優『オリンピックの政治学』丸善、一九九二年
石坂浩一編著『北朝鮮を知るための55章』第二版、明石書店、二〇一九年
石坂友司『現代オリンピックの発展と危機 1940–2020——二度目の東京が目指すもの』人文書院、二〇一八年
大島裕史『コリアンスポーツ〈克日〉戦争』新潮社、二〇〇八年
大野晃『現代スポーツ批判——スポーツ報道最前線からのレポート』大修館書店、一九九六年
荻村伊智朗、藤井基男『卓球物語——エピソードでつづる卓球の百年』大修館書店、一九九六年
荻村伊智朗著、今野昇編『笑いを忘れた日——伝説の卓球人・荻村伊智朗自伝』卓球王国、二〇〇六年

川島真、服部龍二編『東アジア国際政治史』名古屋大学出版会、二〇〇七年
川本信正『スポーツの現代史』大修館書店、一九七六年
木宮正史『ナショナリズムから見た韓国・北朝鮮近現代史』講談社、二〇一八年
清川正二『私のスポーツの記録――オリンピックと共に半世紀』ベースボール・マガジン社、一九八四年
清川正二『スポーツと政治――オリンピックとボイコット問題の視点』ベースボール・マガジン社、一九八七年
清川正二『オリンピックと60年――JOCへの提言』ベースボール・マガジン社、一九八九年
ロード・キラニン著、宮川毅訳『オリンピック激動の歳月――キラニン前IOC会長による五輪回想録』ベースボール・マガジン社、一九八三年
金雲龍『偉大なるオリンピック――バーデンバーデンからソウルへ』ベースボール・マガジン社、一九八九年
金誠『孫基禎――帝国日本の朝鮮人メダリスト』中央公論新社、二〇二〇年
権学俊『国民体育大会の研究――ナショナリズムとスポーツ・イベント』青木書店、二〇〇六年
ニコラス・グリフィン著、五十嵐加奈子訳『ピンポン外交の陰にいたスパイ』柏書房、二〇一五年
デイビッド・ゴールドブラット著、志村昌子、二木夢子訳『オリンピック全史』原書房、二〇一八年
佐伯年詩雄『現代スポーツを読む――スポーツ考現学の試み』世界思想社、二〇〇六年
坂上康博『権力装置としてのスポーツ――帝国日本の国家戦略』講談社、一九九八年
坂上康博、中房敏朗、石井昌幸、高嶋航編著『スポーツの世界史』一色出版、二〇一八年

清水麗『台湾外交の形成――日華断交と中華民国からの転換』名古屋大学出版会、二〇一九年
柴田勝治『新世紀に向けて――五輪と日本大学に生きる』東京新聞出版局、一九八八年
柴田勝治追想録刊行委員会編『柴田勝治先生追想録』柴田勝治追想録刊行委員会、二〇〇〇年
関春南『戦後日本のスポーツ政策――その構造と展開』大修館書店、一九九七年
高嶋航『帝国日本とスポーツ』塙書房、二〇一二年
高嶋航『国家とスポーツ――岡部平太と満洲の夢』KADOKAWA、二〇二〇年
高嶋航、金誠編『帝国日本と越境するアスリート』塙書房、二〇二〇年
鄭躍慶「「ピンポン外交」と後藤鉀二」『愛知淑徳大学現代社会研究科研究報告』二号、二〇〇七年
冨樫あゆみ「1960年代初頭日本の対朝鮮半島外交に関する考察――1964年東京オリンピックと北朝鮮、日韓関係」『韓国研究センター年報』一九号、二〇一九年
冨田幸祐「日本スポーツ界と政治の関係に関する史的研究――1930年代および1960年代のアジアにおける国際スポーツ大会を対象として」一橋大学大学院社会学研究科博士論文、二〇一八年
日本体育協会編『日本体育協会・日本オリンピック委員会100年史――1911→2011』日本体育協会、二〇一二年
白宗元『朝鮮のスポーツ二〇〇〇年――海を越えて朝日交流』柘植書房、一九九五年
早瀬晋三『東南アジアのスポーツ・ナショナリズム――SEAP GAMES/SEA GAMES 1959–2019年』めこん、二〇二〇年
シュテファン・ヒューブナー著、高嶋航、冨田幸祐訳『スポーツがつくったアジア――筋肉的キリスト教

の世界的拡張と創造される近代アジア』一色出版、二〇一七年
平井肇編『スポーツで読むアジア』世界思想社、二〇〇〇年
平岩俊司『朝鮮民主主義人民共和国と中華人民共和国――「唇歯の関係」の構造と変容』世織書房、二〇一〇年
福永文夫『日本占領史1945-1952――東京・ワシントン・沖縄』中央公論新社、二〇一四年
藤原健固『国際政治とオリンピック』道和書院、一九八四年
アベリー・ブランデージ著、宮川毅訳『近代オリンピックの遺産』ベースボール・マガジン社、一九七四年
ベースボール・マガジン社編『人間田畑政治――オリンピックと共に五十年』ベースボール・マガジン社、一九八五年
益尾知佐子、青山瑠妙、三船恵美、趙宏偉『中国外交史』東京大学出版会、二〇一七年
松瀬学『五輪ボイコット――幻のモスクワ、28年目の証言』新潮社、二〇〇八年
道下徳成『北朝鮮瀬戸際外交の歴史――1966-2012年』ミネルヴァ書房、二〇一三年
宮城大蔵『海洋国家日本の戦後史――アジア変貌の軌跡を読み解く(増補)』筑摩書房、二〇一七年
ジェフリー・ミラー著、宮川毅訳『オリンピックの内幕――聖火は永遠か』サイマル出版会、一九七九年
デヴィッド・ミラー著、橋本明訳『オリンピック革命――サマランチの挑戦』ベースボール・マガジン社、一九九二年
毛里和子『日中関係――戦後から新時代へ』岩波書店、二〇〇六年
杢代哲雄『評伝田畑政治』国書刊行会、二〇一八年

守能信次『国際政治とスポーツ――国際スポーツの政治社会学』ほるぷ出版、一九八二年
吉見俊哉『五輪と戦後――上演としての東京オリンピック』河出書房新社、二〇二〇年
李鍾元、木宮正史、磯崎典世、浅羽祐樹『戦後日韓関係史』有斐閣、二〇一七年
林聖愛『中韓関係と北朝鮮――国交正常化をめぐる「民間外交」と「党際外交」』世織書房、二〇一五年
和田春樹『北朝鮮現代史』岩波書店、二〇一二年

中国語

崔楽泉編『中国体育通史』人民体育出版社、二〇〇八年
崔楽泉編『中国奥林匹克運動通史』青島出版社、二〇〇八年
第一届東亜運動会組織委員会編『第一届東亜運動会』上海人民出版社、一九九四年
郝更生『郝更生回憶録』伝記文学出版社、一九六七年
李潤波主編『中国体育百年図志』中国華僑出版社、二〇〇八年
梁麗娟『何振梁――五環之路』世界知識出版社、二〇〇五年
林淑英、杜利軍、胥徳順、王彤瑜、葉明「中国与前蘇聯東欧体育交往及其影響的研究」『体育科学』二〇〇〇年巻六号、二〇〇〇年
羅時銘『当代中国体育対外関係史(1949-2008)』北京体育大学出版社、二〇一六年
徐亨口述『徐亨先生訪談録』国史館、一九九八年
葉龍彦『郝更生伝』台湾省文献委員会、一九九三年

韓国語

大韓体育会編『大韓体育会史』大韓体育会、一九六五年

대한체육회홍보실편집『대한체육회 90 년사』대한체육회、二〇一〇(大韓体育会弘報室編『大韓体育会90年史』大韓体育会、二〇一〇年)

想白李相佰評伝出版委員会、韓国大学籠球連盟編『想白李相佰評伝』乙酉文化社、一九九六年

이학래『韓国体育百年史』한국학술정보、二〇〇三年(李学来『韓国体育百年史』韓国学術情報、二〇〇三年)

이학래、김동선『북한의 체육』한국학술정보、二〇〇四(李学来、金東善『北韓の体育』韓国学術情報、二〇〇四年)

이학래『남북 체육 교류와 한반도 평화』NOSVOS、二〇二〇(李学来『南北体育交流と韓半島の平和』NOSVOS、二〇二〇年)

韓国籠球八十年史編纂委員会編『韓国籠球八十年』大韓籠球協会、一九八九年

英　語

Susan Brownell, *Training the Body for China: Sports in the Moral Order of the People's Republic*, The University of Chicago Press, 1995.

Victor Cha, *Beyond the Final Score: The Politics of Sport in Asia*, Columbia University Press, 2008.

Heather L. Dichter and Andrew L. Johns eds., *Diplomatic Games: Sport, Statecraft, and International Relations since 1945*, The University Press of Kentucky, 2014.
Terry Vaios Gitersos, “The Sporting Scramble for Africa: GANEFO, the IOC and the 1965 African Games,” *Sport in Society*, 14–5, 2011.
Fan Hong, *Sport, Nationalism and Orientalism: The Asian Games*, Routledge, 2007.
Fan Hong and Lu Zhouxiang, *The Routledge Handbook of Sport in Asia*, Routledge, 2020.
Jonathan Kolatch, *Sports Politics and Ideology in China*, Jonathan David Publishers, 1972.
Dae Hee Kwak, Yong Jae Ko, Inkyu Kang and Mark Rosentraub eds., *Sport in Korea: History, Development, Management*, Routledge, 2017.
Catherine Kai–ping Lin, *Sports and Foreign Policy in Taiwan: Nationalism in International Politics*, Academica Pr Llc, 2019.
J. A. Mangan, Sandra Collins and Gwang Ok eds., *The Triple Asian Olympics: Asia Rising: The Pursuit of National Identity, International Recognition and Global Esteem*, Routledge, 2012.
J. A. Mangan, Marcus P. Chu and Dong Jinxia eds., *The Asian Games: Modern Metaphor for ‘The Middle Kingdom’ Reborn: Political Statement, Cultural Assertion, Social Symbol*, Routledge, 2014.
Udo Merkel, “Sport, Politics and Reunification: A Comparative Analysis of Korea and Germany,” *The International Journal of the History of Sport*, 26–3, 2009.
Doosik Min and Yujeong Choi, “Sport Cooperation in Divided Korea: An Overstated Role of Sport Diploma-

cy in South Korea," *Sport in Society*, 22–8, 2018.

Jenifer Parks, *The Olympic Games, the Soviet Sports Bureaucracy, and the Cold War: Red Sport, Red Tape*, Lexington Books, 2017.

Sergey Radchenko, "It's not Enough to Win: The Seoul Olympics and the Roots of North Korea's Isolation," *International Journal of the History of Sport*, 29–9, 2012.

Republic of China Olympic Committee eds., *Amateur Sport in the Republic of China*, Republic of China Olympic Committee, 1974.

J. Simon Rofe ed., *Sport and Diplomacy: Games within Games*, Manchester University Press, 2018.

Alfred Erich Senn, *Power, Politics, and the Olympic Games*, Human Kinetics, 1999.

William M. Tsutsui, Michael Baskett, *The East Asian Olympiads, 1934–2008*, Global Oriental, 2011.

Friederike Trotier, *Nation, City, Arena: Sports Events, Nation Building and City Politics in Indonesia*, NIAS, 2021.

Xu Guoqi, *Olympic Dreams: China and Sports, 1895–2008*, Harvard University Press, 2008.

Lu Zhouxiang and Fan Hong, *Olympics in Conflict: From the Games of the New Emerging Forces to the Rio Olympics*, Routledge, 2018.

あとがき

オリンピックは分断を越えたか。答えはイエスであり、ノーである。包摂と排除の観点からみれば、ポスト冷戦時代のオリンピックはすでに分断を越えたといえる。だが、東アジアのレベルでは、分断は厳然と存在する。また、本書でおもに扱ったのは国家の分断であったが、人種、階級、ジェンダーなどさまざまな分断がこの世界には存在する。

オリンピックには友情や連帯を育み、平和な世界を実現する力はないのだろうか。この答えもイエスであり、ノーである。オリンピックがそうした理想を掲げることで、たとえ実態が伴っていなくとも、それが目指すべきものであることを広く共有させることができる。東京オリンピック・パラリンピック大会組織委員会の森喜朗会長の辞任劇に大きな役割を果たしたのは、差別を禁じたオリンピック憲章であった。確かに、ＩＯＣですら長らく性差別的な組織であった。にもかかわらず、ＩＯＣが掲げた憲章が、現実を一歩理想に近づけたのである。

一方で、理想を掲げるだけでは現実は変わらないことにも注意すべきである。オリンピック、あるいはスポーツそのものに友情や連帯を育む力があるのは間違いないだろう。ただ、それはあくまでスポーツの世界の話である。現実の世界で友情や連帯を育む努力がなされなければ、それは夢に終わるだろう。スポーツ、とりわけ国際スポーツは親善とともにナショナリズムの媒体となってきた。国別対抗戦の様相を呈するオリンピックはナショナリズムの展示場となっている。ナショナリズムは往々にして他者への敵対心を煽る。そうなれば、オリンピックは理想からますます遠ざかることになろう。

そもそもオリンピックは、二つの世界大戦と冷戦の時代に大きく発展した。人々はオリンピックに平和とナショナリズムの両方を求めてきたといえる。オリンピックの理想は、オリンピックの側だけでなく、現実世界の側からも要請されたものだった。オリンピックの生み出す熱狂と夢は、人々に現実の問題を忘却させる。たんに理想を掲げてオリンピックをするだけでは、逆に問題の解決を遅らせかねないのである。どうすればオリンピックを通じて理想を実現できるのかを具体的に考え検証していく必要があるだろう。

今回の東京オリンピックは、オリンピックのさまざまな問題点（それは知っている人は知っていたのだが）を白日の下にさらした。一九八〇年代に商業化の方向に転じてから、オリンピックはいびつな発展を遂げてきた。炎天下のマラソンは、商業資本に魂を売り渡したオリンピックのなれの果ての姿だった。もちろん、本書で見たように、商業化以前のオリンピックもさまざまな問題に直面し、とりわけ冷戦期には政治に翻弄された。ピンポン外交をはじめスポーツが演じた目覚ましい役割も、たいていはすでに進行していた政治プロセスを促進したにすぎない。それでも、今に比べれば、スポーツ界はなお主体性を確保していたように思える。今回のオリンピックが、オリンピック再生の契機になることを願うが、その可能性は低そうである。

東京オリンピック・パラリンピックでは、本書に付け加えるべき出来事がいくつかあった。オリンピックの開会式でNHKのアナウンサーがチャイニーズ・タイペイ選手団を「台湾」と紹介したことが話題になった。北京冬季五輪の漢字名は「中華台北」となるのか、「中国台北」となるのかが注目される。紀政はすでに二〇二四年のパリ五輪に「台湾」名義で出場する運動を再度始めることを宣言している。一九六四年東京オリンピックをボイコットした北朝鮮が、今回も参加を取り止めたことには驚いたが、政治的な理由ではないだろう(もっとも、その判断は北京冬季五輪を見てからでないと下せない)。競技面では、日本の躍進が目覚ましかった。沖縄は日本返還後初、香港は中国返還後初の金メダルを得た。中国はメダルランキング二位と健闘したが、韓国は不振に終わった。アフガニスタンから米軍が撤退したニュースは、モスクワ五輪ボイコットについて調べた身からすれば、感慨深いものがあった。

戦前期東アジアのスポーツを研究してきた著者がこのような本を書いたのは、昨年三月の東京オリンピック・パラリンピック延期発表後にメディアの取材を受けたとき、うまく答えられなかったことがきっかけだった。自分の専門と現在の状況を繋げられないことにもどかしさを感じ、それまでオリンピックにほとんど関心がなかったにもかかわらず、東アジアという視点からオリンピックの歴史を書いてみようと(無謀にも)思い立った。『梁啓超文集』の編集担当だったご縁で岩波新書編集部に仲介してくださった小田野耕明さん、スポーツの趣味を持たないといいながら的確なコメントで刊行まで導いてくださった飯田建さんに衷心の謝意を表したい。冨田幸祐さん(日本体育大学)には昨年秋に荒削りの原稿を、金誠さん(札幌大学)、菅野敦志さん(共立女子大学)には再校を読んでいただき、有益なコメントをいただいた。シュテファン・ヒューブナーさん(シンガポール大学)からは今回も貴重な史料を提供いただいた。ここに記して感謝を捧げたい。本書の構想を発表する機会を与えていただいた歴史学研究会、授業に参加してくれた京都大学と早稲田大学の学生のみなさんにも感謝したい。

スポーツがアジアと世界の平和に真に貢献する日が来ることを願って、筆をおくことにする。

東京パラリンピック閉会式の日、そして第一回目のワクチンを打った翌日に記す。

高嶋　航

岩波新書新赤版一〇〇〇点に際して

ひとつの時代が終わったと言われて久しい。だが、その先にいかなる時代を展望するのか、私たちはその輪郭すら描きえていない。二〇世紀から持ち越した課題の多くは、未だ解決の緒を見つけることのできないままであり、二一世紀が新たに招きよせた問題も少なくない。グローバル資本主義の浸透、憎悪の連鎖、暴力の応酬――世界は混沌として深い不安の只中にある。

現代社会においては変化が常態となり、速さと新しさに絶対的な価値が与えられた。消費社会の深化と情報技術の革命は、種々の境界を無くし、人々の生活やコミュニケーションの様式を根底から変容させてきた。ライフスタイルは多様化し、一面では個人の生き方をそれぞれが選びとる時代が始まっている。同時に、新たな格差が生まれ、様々な次元での亀裂や分断が深まっている。社会や歴史に対する意識が揺らぎ、普遍的な理念に対する根本的な懐疑や、現実を変えることへの無力感がひそかに根を張りつつある。そして生きることに誰もが困難を覚える時代が到来している。

しかし、日常生活のそれぞれの場で、自由と民主主義を獲得し実践することを通じて、私たち自身がそうした閉塞を乗り超え、希望の時代の幕開けを告げてゆくことは不可能ではあるまい。そのために、いま求められていること――それは、個と個の間で開かれた対話を積み重ねながら、人間らしく生きることの条件について一人ひとりが粘り強く思考することではないか。その営みの糧となるものが、教養に外ならないと私たちは考える。歴史とは何か、よく生きるとはいかなることか、世界そして人間はどこへ向かうべきなのか――こうした根源的な問いとの格闘が、文化と知の厚みを作り出し、個人と社会を支える基盤としての教養となった。まさにそのような教養への道案内こそ、岩波新書が創刊以来、追求してきたことである。

岩波新書は、日中戦争下の一九三八年一一月に赤版として創刊された。創刊の辞は、道義の精神に則らない日本の行動を憂慮し、批判的精神と良心的行動の欠如を戒めつつ、現代人の現代的教養を刊行の目的とする、と謳っている。以後、青版、黄版、新赤版と装いを改めながら、合計二五〇〇点余りを世に問うてきた。そして、いままた新赤版が一〇〇〇点を迎えたのを機に、人間の理性と良心への信頼を再確認し、それに裏打ちされた文化を培っていく決意を込めて、新しい装丁のもとに再出発したいと思う。一冊一冊から吹き出す新風が一人でも多くの読者の許に届くこと、そして希望ある時代への想像力を豊かにかき立てることを切に願う。

（二〇〇六年四月）

高嶋 航

1970年生まれ．京都大学大学院文学研究科博士課程中退．博士(文学)
現在－京都大学大学院文学研究科教授
専攻－東洋史
著書－『国家とスポーツ――岡部平太と満洲の夢』(KADOKAWA)，『軍隊とスポーツの近代』(青弓社)，『帝国日本とスポーツ』(塙書房)，『スポーツの世界史』(共編，一色出版)，『中国ジェンダー史研究入門』(共編，京都大学学術出版会)，梁啓超『新民説』(訳注，平凡社東洋文庫)，『梁啓超文集』(共編訳，岩波文庫) ほか

スポーツからみる東アジア史
――分断と連帯の20世紀　　岩波新書(新赤版)1906

2021年12月17日　第1刷発行

著　者　高嶋《たかしま》 航《こう》

発行者　坂本政謙

発行所　株式会社 岩波書店
〒101-8002 東京都千代田区一ツ橋 2-5-5
案内 03-5210-4000　営業部 03-5210-4111
https://www.iwanami.co.jp/

新書編集部 03-5210-4054
https://www.iwanami.co.jp/sin/

印刷製本・法令印刷　カバー・半七印刷

ISBN 978-4-00-431906-1　　Printed in Japan

人名索引

略 年 表

＊【　】は，その項目について本書で言及されている章と節を示す．例えば【2-1，2/ 3-1】は，第 2 章第 1，2 節および第 3 章第 1 節に言及がある．

年	スポーツ界の出来事	主要な出来事
1911	7．大日本体育協会設立【序】	
1912	7．ストックホルム五輪【序】	
1913	1．第 1 回極東大会（マニラ）【序】	
1914		7．第一次世界大戦（-1918.11）【序】
1924	8．中華全国体育協進会設立【序】	
1931		9．満洲事変【序/ 1-1】
1932	7．ロサンゼルス五輪【序】	3．満洲国建国【序】
1934	5．第 10 回極東大会（マニラ）【序/ 1-1】	
1936	8．ベルリン五輪【序/ 1-1/ 3-1】	
1937		7．日中戦争（-1945.8）【序】
1940	6．第 1 回東亜大会（東京）【序】	
1942	8．第 2 回東亜大会（新京）【序】	
1943	11．第 14 回明治神宮大会【序】	11．大東亜会議【序/ 1-4】
1945		9．連合国軍の日本占領（-1952.4）【1-1】
1946		6．国共内戦（-1949.10）【1-1】
1947	6．朝鮮オリンピック委員会設立【1-1，5】	3．アジア関係会議（ニューデリー）【1-1】
1948	7．ロンドン五輪【1-1】	8．大韓民国建国【1-1】．9．朝鮮民主主義人民共和国建国【1-1】

年	スポーツ界の出来事	主要な出来事
1949	2．日本が国際卓球連盟に復帰【1-1】	10．中華人民共和国建国【1-1】
1950		6．朝鮮戦争(-1953.7)【1-1】
1951	3．第1回アジア大会(ニューデリー)【1-1，4】	
1952	2．世界卓球選手権(ボンベイ)【2-1】．6．中華全国体育総会設立【1-1】．7．ヘルシンキ五輪／ブランデージがIOC会長に就任【1-1，5】．11．アジア卓球選手権(シンガポール)【2-1】	1．日比賠償交渉(-1956.5)【1-1】．4．日華条約調印【1-3】
1953	3．世界卓球選手権(ブカレスト)【1-3/2-1】．5．鐘紡野球チームが台湾で試合【1-3】	
1954	1．世界スピードスケート選手権(札幌)【1-3】．4．世界卓球選手権(ロンドン)【2-1】．5．第2回アジア大会(マニラ)【1-1，2，4】．5．IOC総会(アテネ)【1-2】	
1955	6．IOC総会(パリ)【1-2】	4．バンドン会議【1-1，4】
1956	4．世界卓球選手権(東京)【1-3/2-1】．11．メルボルン五輪【1-2，4】	10．日ソ国交回復共同宣言【1-3】
1957	2．アイスホッケー世界選手権(モスクワ)【1-3】．5．日本スポーツ代表団が中国訪問【1-3】．9．IOC総会(ソフィア)【1-5】	
1958	5．第3回アジア大会(東京)【1-2，3，4】．8．中国がIOCと関係断絶【1-2，3】．12．北朝鮮オリンピック委員会が南北統一チーム結成を呼びかけ【1-5】	5．長崎国旗事件【1-3】．8．第二次台湾海峡危機【1-3】
1959	5．IOC総会(ミュンヘン)【1-5】	
1960	2．スコーバレー冬季五輪【1-2】．8．ローマ五輪【1-2，5】．11．ワールドカップ極東予選日韓戦(ソウル)【1-3】	
1961	4．世界卓球選手権(北京)【1-3/2-1】	5．朴正熙が軍事クーデタを敢行【1-3】

年	スポーツ界の出来事	主要な出来事
1962	6. IOC総会(モスクワ)【1-5】. 8. 第4回アジア大会(ジャカルタ)【1-1, 4, 5/2-3/3-3】	
1963	2. スカルノ大統領がIOCからの脱退を発表【1-4】. 2. 世界スピードスケート選手権(軽井沢)【1-5】. 10. IOC総会(バーデンバーデン)【1-2, 4, 5】. 11. ガネフォ(ジャカルタ)【1-3, 4, 5/3-3】	
1964	1. インスブルック冬季五輪【1-2, 5】. 9. アジア卓球選手権(ソウル)【2-1】. 10. 東京五輪【1-2, 3, 4, 5】	
1965	9. 第2回全国運動会(北京)【1-4】. 9. 岐阜国体【1-3】. 10. 中国体育代表団が日本訪問【1-3】	2. 米軍の北爆開始【1-4】. 6. 日韓基本条約【1-3】. 9. 9月30日事件(インドネシア)【1-3, 4】
1966	6. 日本陸連、水連幹部が中国訪問【1-3/2-2】. 11. アジアガネフォ(プノンペン)【1-4】. 12. 第5回アジア大会(バンコク)【1-4】	5. 文化大革命(-1976.10)【1-2, 3】
1967	1. 世界女子バレーボール選手権(東京)【1-5】. 8. ユニバーシアード(東京)【1-5】	
1968	2. グルノーブル冬季五輪【1-5】. 2. 韓国が第6回アジア大会開催権を返上【2-3】. 10. メキシコシティ五輪【1-2, 5】	1. 青瓦台襲撃未遂事件【2-3】
1969	6. IOC総会(ワルシャワ)【1-5】	
1970	4. アジア卓球選手権(名古屋)【2-1】. 12. 第6回アジア大会(バンコク)【2-3】	
1971	2. アジア卓連臨時総会(シンガポール)【2-1】. 2. 札幌プレ五輪【2-2, 3】. 3. 世界卓球選手権(名古屋)【2-1, 2】. 11. AA卓球選手権(北京)【2-1】	8. 中国とイランが国交樹立【2-2】. 10. 中国の国連復帰が決まり, 台湾は国連を脱退【1-2/2-1, 2, 4】
1972	2. 札幌冬季五輪【2-2, 3】. 5. アジア卓球連合成立【2-1】. 8. ミュンヘン五輪【2-2, 3】. 9. 第1回アジア卓球選手権(北京)【2-1】. 9. キラニンがIOC会長に就任【2-2】	2. ニクソン大統領が訪中【1-2】. 7. 南北共同声明(韓国, 北朝鮮)【2-2】. 9. 日中国交正常化【1-2/2-2】

年	スポーツ界の出来事	主要な出来事
1973	7. 日体協代表団が訪中【2-2】. 8. ユニバーシアード(モスクワ)【2-1, 2】. 9. AAA 卓球友好招待大会(北京)【2-1】. 10. シンガポールが第 8 回アジア大会開催権を返上【2-3】. 11. 中国が AGF に加盟【2-2】	6. 六・二三平和統一外交宣言(韓国)【2-2/ 3-2】
1974	2. 北朝鮮が AGF に加盟【2-2】. 4. 第 2 回アジア卓球選手権(横浜)【2-1】. 9. 第 7 回アジア大会(テヘラン)【2-2, 3, 4】	1. 田中角栄首相の東南アジア歴訪【2-3】
1975	2. 世界卓球選手権(カルカッタ)【2-1】	
1976	7. モントリオール五輪【2-2, 4, 3-3, 4】	9. 毛沢東死去【2-4】
1977	6. JOC がソリダリティー委員会を設置【2-3】. 8. 愛知県知事が名古屋五輪招致を発表【3-2】. 9. キラニンが中国を訪問【2-4】	8. 福田ドクトリン【2-3/ 3-3】
1978	10. 中国が国際陸連に復帰【2-4】. 12. 第 8 回アジア大会(バンコク)【2-3/3-1, 3】	5. 蔣経国が中華民国総統に就任【2-4】
1979	6. IOC 理事会(サンファン)【2-4】. 10. IOC 理事会(名古屋)【2-4】. 11. 中国が IOC 復帰【2-4】	1. 米中国交樹立【2-4/ 3-4】. 2. 中越戦争【2-4】. 12. ソ連軍がアフガニスタンに侵攻【3-1】
1980	2. レークプラシッド冬季五輪【3-4】. 5. JOC がモスクワ五輪ボイコットを決定【3-1】. 7. モスクワ五輪【2-3, 4/ 3-1】. 7. サマランチが IOC 会長に就任【3-4/ 終】	
1981	3. IOC と台湾が協議書締結【3-4】. 9. IOC総会(バーデンバーデン)【3-2, 3/ 終】	
1982	2. JOC にアジア対策委員会が設置【3-3】. 7. 女子ソフトボール世界選手権(台北)【3-4】. 11. 第 9 回アジア大会(ニューデリー)【3-2, 3】. 11. OCA設立総会【3-3】	
1983	9. 第 5 回全国運動会(上海)【3-3】	

年	スポーツ界の出来事	主要な出来事
1984	2．サラエヴォ冬季五輪【3-4】．2．デビス杯東洋ゾーン準々決勝(昆明)【3-2，3】．4．アジアジュニアバスケットボール大会(ソウル)【3-2，4】．7．ロサンゼルス五輪【3-1，2】．9．OCA総会【3-3】	
1985	10．南北スポーツ会談(ローザンヌ)【3-2】	
1986	3．第1回アジア冬季大会(札幌)【3-3】．9．第10回アジア大会(ソウル)【3-2/終】	9．金浦空港爆弾テロ【3-2】
1987		6．韓国民主化宣言【3-2】．11．大韓航空機爆破事件【3-2】
1988	1．北朝鮮、ソウル五輪不参加を発表【3-2】．5．アジア卓球選手権(新潟)【3-2】．9．ソウル五輪【3-2，3/終】．12．IOC理事会(ウィーン)【3-4】	1．蔣経国死去，後任は李登輝【3-4/終】
1989	4．中台がチャイニーズ・タイペイの中国語表記で合意【3-4】	6．六四天安門事件【終】．12．冷戦終結【終】
1990	3．アジア冬季大会(札幌)【終】．9．第11回アジア大会(北京)【3-2，3，4/終】	8．イラク軍のクウェート侵攻【終】．9．韓ソ国交樹立【終】
1991	4．世界卓球選手権(千葉)【終】．4．JOCが日体協から独立【3-2/終】．8．世界陸上競技選手権(東京)【終】．9．OCA特別総会、アーマドが会長に選出【終】	1．湾岸戦争【終】．9．韓国と北朝鮮が国連に加盟【終】
1992		8．中韓国交樹立【終】
1993	5．第1回東アジア大会(上海)【終】．9．2000年オリンピック開催地選挙でシドニーが北京を破る【終】	3．北朝鮮、核兵器不拡散条約から脱退【終】
1994	2．リレハンメル冬季五輪【終】．10．第12回アジア大会(広島)【3-3/終】	7．金日成死去【終】．10．北朝鮮、アメリカと「枠組み合意」【終】
1995		7．第三次台湾海峡危機【終】
1997	5．第2回東アジア大会(釜山)【終】	

略 年 表

年	スポーツ界の出来事	主要な出来事
1998		2．金大中が韓国大統領に就任【終】
2000	9．シドニー五輪【終】	6．南北共同宣言【終】
2001	5．第3回東アジア大会(大阪)【終】	
2002	9．第14回アジア大会(釜山)【終】	
2007	1．第6回アジア冬季大会(長春)【終】	
2008	8．北京五輪【終】	
2013	10．東アジア大会を東アジアユースゲームズに改編【終】	
2016		5．蔡英文が中華民国総統に就任【終】
2017		5．文在寅が韓国大統領に就任【終】
2018	2．平昌冬季五輪【終】．7．第1回東アジアユースゲームズ(台中)の中止決定【終】	
2021	7．東京五輪	